#PUEDO PORQUE PIENSO QUE PUEDO

CAROLINA MARÍN

CAROLINA
MARÍN

#PUEDO PORQUE PIENSO QUE PUEDO

El secreto de una campeona

Editado por HarperCollins Ibérica, S.A.
Núñez de Balboa, 56
28001 Madrid

Puedo porque pienso que puedo. El secreto de una campeona
© 2020, Carolina Marín
© De la redacción del texto, Santiago García Bustamante
© 2020, para esta edición HarperCollins Ibérica, S.A.

Diseño de cubierta: Rudesindo de la Fuente
Imagen de cubierta: GettyImages
© De las imágenes de interior: archivo personal de la autora, Agencia EFE y Badmintonphoto

I.S.B.N.: 978-84-9139-474-7
Depósito legal: M-15767-2020

ÍNDICE

PRIMERA PARTE

SEGUNDA PARTE

PRIMERA PARTE

«Siento mucho orgullo por mi hija como padre. Disfruto mucho con ella, por su manera de ser, por su simpatía y su capacidad de irradiar alegría siempre. Y como deportista es increíble, porque es una luchadora nata y muy competitiva. Nunca tira la toalla y lo da todo en la pista».

Padre de Carolina.

1.

DE PRONTO, TODO CAMBIA

EL TELÉFONO EN SILENCIO:
UNA LLAMADA QUE TRUNCA LA VIDA

Era una de esas noches en las que no podía más. Había llegado de un torneo. Cansada, como tantas veces. Ya en Madrid, decidí quedarme a dormir en la residencia Blume, así lo hago normalmente los días de entre semana y en mi casa cuando es fin de semana. ¡Costumbres! Sobre las diez y media silencié el teléfono y lo puse boca abajo para que no me molestara la luz. El cuerpo necesitaba descanso. Y la mente. Eso que hacemos muchas personas, tantas veces, cuando quieres ponerte en *off*.

Era el 13 de febrero de 2020. Mal día para los supersticiosos. Yo no lo soy, pero sí sé que ya es un día inolvidable para el resto de mi vida, aunque en aquel entonces aún no lo podía imaginar. Ese teléfono de pronto no paró de recibir llamadas, a pesar de que yo no lo podía ver. Doce llamadas de Fernando, mi entrenador, otra de Clara, mi amiga, y una más de Rocío, mi prima. Hasta que alguien llamó a la puerta de la habitación. Era Clara. «Tienes que mirar el teléfono». Fue uno de esos momentos en los que no sabes lo que ocurre, pero sabes que algo está a punto de pasar. Y ese algo no me iba a gustar.

No daba crédito. La cabeza me iba a mil intentando hilar las ideas en esas décimas de segundo en las que vas marcando el número. La voz de Fernando trataba de despejarme las dudas al otro lado: «Caro, no te asustes, pero tengo que contarte que tu padre ha tenido un accidente y está grave, en una situación crítica. ¿Dónde estás?». Colgué el teléfono y me desmoroné. En esos momentos no se encuentran pensamientos positivos en los que apoyarte. No podía ser. Mi padre. ¡59 años! Es como si de pronto todo te pasara muy rápido por la cabeza y a la vez demasiado despacio. Falta el oxígeno. Quieres despertarte y que todo haya sido un sueño. Una puñetera pesadilla, pero que alguien te saque de esa realidad.

Fernando había ido a mi casa a buscarme. Me contaría después que hasta había tirado piedrecitas a la ventana, pero, claro, yo no estaba allí. Coordinamos cuál sería la mejor manera de llegar a Huelva rápido. En coche, tren o como fuera. No tenía mucha claridad de ideas en ese momento. Me atormentaba pensar que podía perderle. A él, a mi padre.

En realidad, todo había ocurrido unas horas antes, sobre las siete de la tarde. Mi padre es repartidor de material de papelería y todos los días suele pasar sus ocho o nueve horas de trabajo en una furgoneta repartiendo en fábricas, colegios y empresas por la zona de Huelva. En ocasiones se queda en el almacén para ordenar cosas. Parece ser que esa fatídica tarde mi padre, que siempre está dispuesto a todo, se puso a cambiar una bombilla subido a una escalera. No sé a qué altura estaba, ni lo sabré, tampoco sé si se mareó o se desmayó, ya he aprendido que hay cosas que se quedan en incógnitas para toda la vida, pero ahora sé, por las pruebas que se le hicieron posteriormente, que no había ninguna afección craneal previa que pudiese haber generado el accidente. Se cayó para atrás y, con tan mala suerte, aunque no me gusta hablar de la mala suerte, que sufrió un traumatismo que le causó un enorme hematoma en la cabeza. Lo cierto es que estuvo al borde de la muerte. Tanto, como que me tuve que despedir de él.

Pero eso fue después. Fernando no tardó en llegar a la residencia donde yo había pretendido dormir, donde había puesto el teléfono boca abajo para olvidarme del mundo y el mundo horrible vino a mi encuentro. Decidimos que la mejor manera de llegar a Huelva era ir en avión y el primero salía a las seis y media de la mañana. Entonces sí que dormir fue imposible. Qué amargura de horas. El paso del tiempo en esas circunstancias era un auténtico infierno. Llegué a Huelva sobre las nueve y media. Cuando vi a mi padre dentro de la Unidad de Cuidados Intensivos, con tubos por todos lados y veinte máquinas alrededor, pensé que le perdía de verdad. Esa imagen no la voy a olvidar en la vida. A la hora salió un neurocirujano a informarnos de la situación. Era muy complicada. Teníamos que decidir si operarle, y no aseguraban que saliera con vida de la intervención ni tampoco que, de hacerlo, esta tuviera éxito. La otra opción era no intervenir, pero la cabeza se le seguiría llenando de líquido. Que tengas que decidir sobre la vida de tu padre es horrible. Os lo aseguro. La operación resultaba muy delicada porque el hematoma era muy grande y también la inflamación del cerebro. Necesitaba tener la mente fría y no entrar en bloqueo. En esa sala de espera estábamos mi madrina, mi prima Rocío, mi abuela (su madre) y una tía. No había un momento que perder llorando, o al menos sentí que no era el momento. Mis padres están separados desde que tengo doce años y soy hija única. Sentí encima todo el peso de la decisión y el médico, de alguna manera, también me urgió a decidir. Parecía ser que no había mucho tiempo. Les dije que necesitaba hacer una llamada y hablé con Diego, mi fisio. Se lo conté y este a su vez llamó a un amigo suyo que es médico. Me dijo que él, en mi caso, tiraría para adelante con la operación. No lo dudé. Volví dentro, entré a hablar con el médico y le dije: «Mi padre se opera. Y, por favor, cuanto antes». Después fue cuando me vine abajo y me entraron todos los miedos a la vez. Entonces sí que me harté a llorar. ¿Y si no salían las cosas bien?

Les pedí que me dejaran entrar a verle antes. Sola. Él y yo. Mi padre estaba sedado, intubado, inconsciente, no creo que se enterara de nada, pero yo necesitaba hablar con él, necesitaba despedirme, aunque fuera en cinco minutos. Le di las gracias por todo lo que había hecho por mí, por haberme dejado ir a Madrid con catorce años y le dije que me sentía orgullosa por ser su hija y tener el padre que tengo. Que tuviera mucha fuerza y fuera un luchador y que si salía adelante su hija le iba a estar esperando y si su cuerpo y su alma decidían no seguir hacia adelante que descansara en paz. Necesitaba decirle adiós.

A las tres de la tarde le metieron en el quirófano. Estábamos preparados para una intervención larga, pero dos horas y media después habían acabado. Nos dijeron que la intervención había sido dura, que el hematoma había dañado mucho y el cerebro estaba muy inflamado y con un gran derrame de sangre. El día a día nos iría diciendo. Y así ha sido.

Pasaron los días. Estuvo bastante sedado. Me quedé en Huelva para poder estar con él y pronto decidí que quería empezar a entrenar. Fernando me dijo que no me preocupara, que se adaptarían a mí, así que llamó al equipo y se vinieron todos a Huelva. De esta manera yo podía entrenar por las mañanas y luego quedaba libre por la tarde para acudir a las dos visitas que se le podían hacer a mi padre en la UCI. Las tres primeras semanas estuvo sedado y, a la cuarta, empezó a abrir los ojos. Me pareció increíble, después de haberme despedido de él.

Me fui a competir sin tener la cabeza demasiado centrada y regresé a Huelva con la idea de preparar el All England, que es un torneo muy importante para nosotros.

Y luego se precipitaron los acontecimientos con la pandemia del coronavirus, como nos pasó a todos.

Estaban planificadas cinco semanas seguidas de competiciones, con la condición de que, si mi padre sufriese alguna variación, me volvería. Porque lo importante para mí era él. Primero está la salud de los tuyos, en este caso de él, que me lo ha dado todo, que tuvo la generosidad de dejarme volar cuando era una niña para que cumpliera mi sueño, y luego el resto.

La crisis sanitaria del COVID-19 hizo el resto. Estaba en Inglaterra y ya escuchábamos y leíamos cómo estaba la situación. Jugué la semifinal, que por cierto perdí, en Birmingham, y regresamos a España con retraso en el vuelo y ciertas dificultades. En Madrid tuvimos que esperar durante dos horas metidos ya en el avión. Las cosas se estaban poniendo complicadas. Llegué a Sevilla y de ahí a Huelva, pero esa noche no pude visitar a papá. Tuve que esperar al día siguiente.

Después vino esa época que pasará a la historia como la del confinamiento. Han sido los dos meses y medio más duros de toda mi vida, emocionalmente hablando. He pasado por todas las fases: frustración, desesperación, agobio... Y todas las he sentido al límite. Mucho más que en cualquier partido de bádminton al que me haya enfrentado en toda mi carrera deportiva. Sin duda, con mi padre he sentido emociones desconocidas a las que todavía me cuesta enfrentarme. Esa es la realidad. Es duro que tu padre muchos días no sepa ni quién eres, que no se pueda poner en pie y, ni por supuesto, caminar, por no entrar en más detalles. Enfrentarme a esa inesperada realidad me cuesta.

He pensado mucho en la gente que ha sufrido durante todo este tiempo, en las personas que han perdido a sus seres queridos o en aquellos que han tenido que lidiar con el virus en soledad. Por eso me ponía de los nervios cuando algún amigo se quejaba de estar aburrido en pleno confinamiento. ¡Ya me hubiera gustado a mí haber podido aburrirme!

De pronto, la vida ha vuelto a cambiar sin previo aviso, como pasa casi siempre. Y nos obliga a aprender a marchas forzadas. Cuando el estado de alarma lo permitió, me trasladé a Madrid, con el corazón «partío». Con la necesidad de volver a mi profesión y con la mala sensación de sentir que me alejaba de un problema que seguía ahí, mi padre.

Sigo trabajando esas emociones que me han estado estrangulando todo este tiempo. Lo hago con María, la psicóloga de mi equipo. Acabaréis conociendo a todas las piezas de ese engranaje que me mantiene en pie, que hace que todo gire. El objetivo es canalizarlas para sacarles partido en la pista. Tengo que ser capaz de convertir todo esto en algo bueno. Lo necesito. Debe ser así la digestión. En eso me han educado y he trabajado toda mi vida, en que a las cosas que te afectan, que te hunden, que te duelen... hay que ser capaz de darles la vuelta y convertirlas en algo bueno, sacarles partido y, desde luego, ahora ese es mi objetivo.

El coronavirus nos ha transportado a situaciones desconocidas, dramáticas e insospechadas. Algo tan raro como que por primera vez desde que cumplí ocho años estuve tres meses sin coger una raqueta. ¡Tres meses! Parada. Hasta llegaron a desaparecer esa especie de callos que tengo en la mano y a los que estoy tan acostumbrada. Tuve que volver a empezar de cero. Ni con la gravedad de la lesión viví algo así.

De hecho, apenas pude entrenar «físico», porque me quedé en Huelva, en casa de mi madre, y allí no tenía material. El mismo lunes que comenzó el confinamiento tuve la suerte de hacerme con una bicicleta estática que me dejó una amiga de mi madre, y Fernando me pudo mandar con un transportista dos máquinas que por casualidad tenía en casa. Con eso he podido salvar la parte física. Pero luego vino la odisea de volver al punto en el que estaba antes. También es cierto que la crisis sanitaria nos enseñó que no había prisa. No sabíamos cuándo íbamos a competir, así que lo importante era recuperar la forma sin lesionarse en el camino. ¡Y sin desesperarse! Un cambio radical de mentalidad que, sin duda, ponía el colofón a esa travesía del desierto del último año y medio, que pronto os relataré.

Desafortunadamente, después de meses de lucha, a finales de julio de 2020, en lo más tórrido del verano y cuando lo peor de la crisis del coronavirus parecía haber pasado, perdí a mi padre. Lo perdí del todo. Y aunque se me había ido yendo a poquitos, y aunque ya me había despedido de él, a mi modo, creo que este ha sido y será el golpe más fuerte de mi vida. Cuando vuelva a las Olimpiadas, que volveré, y cuando vuelva a ganar una medalla, en lo cual confío, lo haré por él, gracias a él, y pensando en él. Gracias, papá.

Tokio 2020: el imposible de una pandemia

¡Quién me lo iba a decir! Tokio, ya os contaré, fue durante muchos meses de mi vida la motivación para salir adelante. Y luego el tiempo, las circunstancias, la propia vida se encargaron de descomponer lo que había sido mi llegada a meta. Y lo curioso es que no importó. Cuando anunciaron que los Juegos Olímpicos se posponían para mí fue un alivio. Y creo que para muchos deportistas. Son cuatro años de preparación y de sueños y ya estaba viendo que las cosas no se estaban desarrollando de manera justa. Por ejemplo, en China habían estado confinados antes, y eso hizo que todo el equipo chino se hubiera trasladado a Inglaterra para pasar el confinamiento y hacer allí la cuarentena. Cuando volvieron ya se podía entrenar. En España o Italia pasó lo contrario, no se podía ni entrenar, y en India me enteré de que estaban igual. Los deportistas se podrían enfrentar a la cita más importante en condiciones de igualdad muy diferentes. Sé que era difícil para el Comité Olímpico Internacional dar una respuesta a esto, porque hay muchas cosas que dependen de unos juegos, pero me pareció acertado el aplazamiento. Y en mi caso, para ser honesta, más. Entre la lesión, mi padre y el confinamiento, sentí alivio al saber que disponía de más tiempo para prepararme e ir a los Juegos algo descargada de emociones y poder disfrutarlo. Sigue siendo la meta, la que me sustentó en su momento y la que mantiene la ilusión, a pesar de la situación. Los Juegos son palabras mayores y eso no cambia.

«Carolina mostraba desde sus inicios gran parte de esas virtudes que ahora la hacen diferente y única en competición. Hay una frase que le digo mucho, y es que veo a una Carolina diferente: cada vez que estoy con ella observo un desarrollo continuo debido a que nunca está satisfecha con lo que tiene. Las virtudes que le han permitido alcanzar estos éxitos son una gran ambición, su inconformismo y su capacidad de trabajo. La combinación con Fernando Rivas es la clave del éxito porque él ha sido capaz de mantener y desarrollar esas capacidades durante muchos años.

Ahora estoy viviendo la época de entrenador más gratificante, no por el hecho de trabajar con una gran deportista, que también, sino por hacerlo con un increíble equipo profesional y humano».

Ernesto García,
Exseleccionador nacional de bádminton y
miembro del equipo técnico de Carolina.

2.

El mundo gira

El antes y el después de la gran lesión

L a vida son etapas y estaba en una de ellas. En la de plenitud, quizá. Podríamos pensar que sería un día más. Un día de tantos. O tal vez podría estar a punto de enfrentarme a uno extraordinario: iba a disputar una final. Una de esas jornadas en la vida de un deportista para las que nos preparamos a conciencia. Estaba en Yakarta, allá lejos, en Indonesia, un país que adoro, donde he vivido grandes experiencias, y en el que me siento tan abrigada y bien recibida siempre que voy. Para mí es uno de esos lugares en los que a pesar de estar lejos te sientes en casa. Os sitúo: era el 27 de enero de 2019. Todo por empezar.

A veces vivimos etapas tan buenas que nos metemos en la rutina y lo damos todo por hecho, pensando que lo bueno nos pertenece, forma parte de nuestra propiedad y que hay algo, sin saber qué es, que nos aleja de manera irremediable de las desgracias. Y no es así. De pronto, hay un día, una hora, un lugar, en el que la vida te pone los pies en el suelo de nuevo. Las cosas no siempre tienen que salir bien, pero lo más curioso de esto es que en vez de ser agradecidos por las muchísimas veces que la vida nos sonríe, nos mira cara a cara, nuestra tendencia natural es la contraria. A la mínima, cuando nos asalta esa piedra en el camino, nos preguntamos. ¿Por qué a mí? Una cuestión de este tipo solo puede tener una respuesta: ¿y por qué no?

Ya os he dicho que hacía poco había comenzado el año y, como siempre, yo tenía el propósito de avanzar con el mejor pie, la mejor de las suertes. Era el 2019. La vida estaba en orden. Llevé a cabo las que ya son rutinas habituales antes de afrontar una final. Estaba preparada y lástima que no era tan consciente en ese preciso instante de lo afortunada que era, del privilegio vital en el que me movía.

Era joven, con salud, la vida me sonreía, había conseguido ser deportista de alto nivel dentro de mi disciplina y había logrado numerosos trofeos, calmando así esa sed inicial de todo aquel que se adentra en el deporte y de alguna manera quiere el éxito, porque en el deporte al final necesitamos los resultados para seguir evolucionando, para poder dar un paso detrás de otro. Clasificarnos, ir a la siguiente competición, cumplir un objetivo para llegar al siguiente. La vida está segmentada en retos, en metas... Y, en ese momento, la verdad es que iba en camino de ser la mejor jugadora de la historia de bádminton. Y todo esto que os cuento es en el ámbito deportivo, que es una parcela de mí. Una parcela muy grande en la que invierto mucho tiempo y mucho esfuerzo, porque el alto nivel exprime las energías, las ideas, las ilusiones y el talento. Quizá no hay otra manera de estar y de ser.

Pero hay más, claro que hay mucho más, existe esa otra faceta personal y quizá más desconocida, que es la de la vida familiar, que no es fácil de cultivar, porque vivo en una vorágine tremenda que me aparta del mundo en muchas ocasiones. Y no es sencillo, pero ellos saben estar ahí, lejos y cerca. Me dejan crecer y nunca sola. Es esa maravillosa sensación de que saben impulsarme el vuelo, pero están por si en algún momento me caigo.

Y el equipo. En la misma palabra está implícito todo. El equipo muchas veces es el hogar al que acogerse. Además de ser la clave de los éxitos es el punto de apoyo en los momentos difíciles, que los hay, y en los fracasos, que también vienen, aunque no se quiera.

Total, que ahí estamos, volvemos a Indonesia, a Yakarta, a ese momento. El único pensamiento que había en mi cabeza era seguir cosechando triunfos. Seguir alimentando ese palmarés que ya era envidiable, y tenía la sana intención de que siguiera siéndolo.

Dentro del orden de mis rutinas dejé el hotel y me encaminé al pabellón donde se iba a jugar la final. Ese día mi rival era la india Saina Nehwal. No era la primera vez que me enfrentaba a ella. Ahora que lo pienso, ahora que revivo los momentos, doy marcha atrás en los pasos, es curiosa la sensación... Llegué, como siempre, con bastante antelación. Así me gusta hacerlo, me da cierta paz, cierta tranquilidad, que necesito para tener mi espacio, para poner mi cabeza en orden antes de afrontar ese momento final y decisivo y porque hay algo que me encanta y es que allí se respira bádminton por todos los sitios. Indonesia es un país que vive este deporte de forma especial. Lo disfruto con mucha intensidad. Allí me adoran y es mutuo. Ocurre también en otros países de Asia, donde el bádminton es un deporte de referencia, y eso se respira en el ambiente. Hay un respeto especial por los deportistas. Un culto. Es una pasada. Es como si las energías estuvieran totalmente sintonizadas.

Para ellos yo soy una europea, más concretamente una española, que de pronto ha irrumpido en un deporte que estaba reservado para las asiáticas. Ha supuesto romper muchas barreras y a mí eso me encanta. Me plantea más retos de los que por sí son jugar cada día. Buscan España en el mapa y les resulta asombroso que una chica de Huelva haya conseguido fraguarse una carrera tan espectacular en un país en el que la tradición del bádminton es nula. Aunque, si os digo la verdad, esta es una de esas cosas que me encantaría cambiar. En mi interior, espero ser capaz de dejar poso y que en España la cultura por mi deporte crezca.

Salí a por todas en el partido. A no dejarme nada. No entiendo el deporte de otra manera que no sea esa. La piel sobre la pista. No hay lugar para la relajación. Eso lo saben muy bien todas las deportistas que disputan conmigo un partido, porque para ganarme un punto hay que currárselo mucho. Cada uno de ellos puede llegar a ser una batalla campal. Así es el deporte de alto nivel. Por eso me dejo la piel también en los entrenamientos.

Todo iba como tenía previsto en mi cabeza, como lo había pensado e imaginado. Perfecto. En orden. Iba por delante en el marcador. Concentrada. Metida en el partido, pero a la vez contenta. «No se me escapa», pensaba para mí. «Este torneo es mío».

Esas palabras han pasado después por mi cabeza como si fueran una película. Hay tras ellas un punto de inflexión. Estábamos jugando e iba ganando 9-2 y llegó el momento. La jugada maldita. Me baila la rodilla. No me hago con ella. Ella se hace conmigo. Se desmorona todo. De la facilidad a la fragilidad. Me rompo. De los sueños, de la cresta de la ola, al infierno de no saber muy bien cómo se iban a desarrollar los siguientes acontecimientos: rotura del ligamento cruzado anterior de la rodilla derecha.

El diagnóstico no fue tan claro como os lo estoy contando ahora. La realidad es que tardó un par de días en llegar. Un par de días que fueron un par de siglos en mi cabeza y una pesadez tremenda en mis ideas. Un letargo. Una lesión de estas características es un pozo de oscuridad para un deportista. Ahora lo veo con una claridad tremenda: sin lugar a dudas hubo un antes y un después de la lesión en mi carrera. Fue un camino de sufrimiento y de aprendizaje. Lo viví como una auténtica desgracia, porque en ese momento, a pesar de que las lesiones están a la orden del día en la vida de un deportista, os aseguro que esta no estaba dentro de mi cabeza.

En esa parada forzosa, obligatoria y casi diría que negra, me he dado cuenta de que tampoco es bueno que pensemos que nada malo nos va a pasar. Tampoco que demos por hecho la cantidad de cosas buenas que nos acontecen y pensar que las alegrías son para toda la vida, que nos pertenecen, que tenemos un caudal infinito para nosotros. La realidad es que todo se puede truncar en cualquier momento. Un camino se cruza con otro. Hay una piedra en el camino, un giro inesperado, sorprendente, y se complica todo.

Hasta el chasquido de rodilla, el ambiente en aquella pista de Yakarta era tremendo. Me atrevería a decir que Indonesia nunca falla. Es una maravilla. Cada vez que participo en un torneo allí, el ambiente es tan potente que tengo que ir en taxi del hotel al pabellón por el tumulto de gente que espera en los alrededores pidiendo autógrafos y esperando para hacerse fotos. Son lo más. Me genera hasta envidia ver cómo allí se siente el deporte que yo amo. Cómo será la cosa que una vez visitó España el ministro de Deportes de Indonesia y una de las cosas que tenía previstas en su agenda y que solicitó fue conocerme. Lo más curioso es que le ofrecieron que asistiera al campo de fútbol del Santiago Bernabéu, pero respondió que prefería ver un entrenamiento mío y charlar después, si era posible. Es tal la pasión que se desata y la relación que se ha llegado a establecer conmigo que ocurre a veces que los aficionados indonesios me animan más a mí durante el partido que a sus compatriotas.

Son sensaciones muy reconfortantes e incluso difíciles de explicar. Es curioso cómo tan lejos de tu tierra natal te pueden hacer sentirte como en casa. Y se esmeran, os lo aseguro. De hecho, tengo un recuerdo increíble, creo que fue en 2015, antes de un Mundial, el segundo que gané. Era en un Open que se hace en Indonesia. Perdí en la semifinal al jugar con una china en un partido muy duro, que se alargó casi hora y media en tres sets muy ajustados. El pabellón estaba lleno. Se me saltaron las lágrimas cuando esas ocho mil personas se pusieron a corear mi nombre: ¡estaba en Indonesia y había perdido! Fue un momento muy emocionante e inolvidable. Todavía hoy se me pone la piel de gallina al recordarlo.

Pero vuelvo al tema. Que no hubiera sufrido una lesión tan severa no significaba que me hubiera librado de los dolores. ¡Esos nos persiguen a los deportistas de alto nivel! Así que en aquel partido jugué, qué curioso, con el tobillo derecho vendado porque sufría unos fuertes dolores que no me dejaban amortiguar bien la pisada. Pero hay un umbral del dolor con el que diría que convivimos. Recuerdo que, en una de las jugadas, en pleno partido, caí con ese tobillo completamente recto porque precisamente fue el vendaje el que no me permitió doblarlo bien. Después de un salto, la rodilla se fue hacia dentro y hacia fuera, ¡qué sensaciones más raras! Todavía hoy, al recordarlo, me produce algo de rechazo. Después vino el latigazo, el chasquido. La caída. Todo seguido. Y más aún los pensamientos. Uno detrás de otro. Pensé que se me había salido la rodilla.

El dolor era infernal. Indescriptible. Me sentía fuera de control. La realidad me había sacado a lo bestia de todo lo que estaba en mi cabeza. De mis planteamientos previos. De ese robot que hay dentro de mí programado para entrenar, dar lo mejor de mí e intentar ganar a toda costa. Me había roto. Ahí mismo. En ese maldito instante. Y me entró un miedo tremendo. Obviamente miré a mi entrenador y le dije que no podía seguir. Me temía lo peor. Fueron unos momentos horribles.

Mi primera reacción (estaba en medio de la guerra, en plena batalla, tenía ardiente el instinto guerrero) había sido pedir a mi segundo entrenador, Anders Thomsen, que llamara al fisio, Nacho Sarria, que estaba en la grada, para que bajase y me colocara la rodilla, porque yo quería seguir jugando. Aunque era un hecho, una realidad, que eso no se podía llevar a cabo: estaba prohibido. No se podían recibir tratamientos médicos en mitad de un partido.

No me quedó otra que levantarme del suelo e irme cojeando al banquillo. No podía poner la pierna recta del todo ni flexionarla. Intenté enderezarla yo sola porque pensaba que lo que me había pasado era que se había salido. Esa era mi obsesión inicial. Incluso os diría que mi pensamiento único. Es curioso cómo se puede bloquear la mente cuando ponemos el cuerpo y la cabeza al límite.

No podía pensar más que en la mala suerte que estaba teniendo. No podía ser. ¿Justo ahora? Si tenía el partido de cara, el ambiente era tremendo y parecía que solo me quedaba rematar el set, que estaba totalmente encarrilado. Lo difícil ya había pasado, el gran esfuerzo estaba hecho y superado. Sería suficiente con cerrar un buen final en la segunda manga. Humo. Era todo humo en mi cabeza. Que eso era lo que echaban mis pensamientos, mientras mi cuerpo en realidad apenas se podía mover. Volví. Regresé. Venga, el poder mental. La fuerza de querer por encima de las debilidades. Por encima de todo. Y logré superarme. Me puse 10-3. En la jugada siguiente, Nehwal me hizo una dejada cruzada y no pude ir a devolvérsela porque la rodilla no me lo permitió. Fue demasiado para mi cuerpo ir hasta allí. Punto para ella. Subió a 10-4.

Sentí en ese momento otro punto negro de la derrota. Me tiré al suelo y ahí ya pensé que la lesión podía ser más grave de lo que creía. Me puse a llorar. Las lágrimas no paraban de salir. Me arrodillé en la pista. Me levanté como pude. Cojeando. Qué manera de llorar. No podía parar. Se me acumulaban las tensiones. Después de unos cuantos años de profesión, lo cierto era que me estaba enfrentando a un reto que era muy nuevo. Ahora me doy cuenta. Me vino grande. Me hirió el orgullo más que el cuerpo.

Sentada en el banquillo, me tapé la cara con las manos. Estaba hundida. No quería ver ni que me vieran. De saberme ganadora, vencedora una vez más, en esa vida tan bella en la que estaba sumida, en ese tren que iba a velocidad de vértigo, en esa felicidad maravillosa de los triunfos, a un paso de poder ganar la final de un Masters... a llorar desconsolada. Y no era una derrota. Estaba rota. No sabía qué tenía. Ni por cuánto tiempo, y la mayor duda cuando un deportista se rompe, además de que se para tu carrera en seco, es si las cosas volverán a ser como antes. Aquí el miedo es libre y diría que infinito.

De hecho, si en ese momento hubiera sido consciente de que tenía una rotura del cruzado en la rodilla no hubiera forzado y no se me habría ocurrido jugar tres puntos más. Fue el momento. No saber. El ímpetu. El desconocimiento...

AQUEL PARTIDO Y CÓMO FORCÉ LA MÁQUINA DEL CUERPO

Es cierto que un rasgo que me define es que soy muy cabezota y cuando quiero algo lo deseo con mucha fuerza, con mucha intensidad, la misma que me puede llevar a traspasar líneas que luego se me vuelven en contra. De ahí que me negara a admitir que estaba lesionada y no podía seguir jugando. Eso no entraba en la ecuación de mi cerebro. Me superaba. Estamos más diseñados para ganar, para pelear, que para algo así, para admitir que hay que parar en seco y recuperarse.

Me recompuse, o eso intenté hacer ver. Di la mano al árbitro, abracé a Nehwal y fui al centro de la pista a agradecer al público su apoyo. Increíble la ovación que me dedicaron. Cuando me encaminaba al vestuario resonaban todavía los aplausos de los espectadores. Eso me lo llevo, se me quedó grabado en la memoria porque era una ovación distinta a todas las que había recibido hasta entonces. Sentía congoja. También se ve la dimensión de las personas precisamente en esos momentos. Y ahí quiero destacar cómo se comportó Saina Nehwal. Dio muestra de un comportamiento exquisito y superdeportivo. Enseguida quiso interesarse por mi estado y sus primeras palabras fueron que ella no había querido ganar el torneo en esas condiciones y que lo sentía mucho, y aceptó que, si no me hubiera lesionado, la vencedora hubiera sido yo. Creo que son detalles que dicen mucho de los códigos éticos que rigen un deporte y de quienes lo llevan a cabo. Y me encanta. Me hace creer más en él, si es que es posible.

Tuvo que ser en Indonesia, ese país del que estoy enamorada, en el que tengo muchos seguidores y donde me hice con el Mundial en el año 2015. Tuvo que ser allí. Y fue.

El enfado no se me pasó de un minuto para otro. No. El mosqueo por lo que me había ocurrido fue tremendo. No me lo podía creer. Era uno de mis torneos favoritos y todo se había ido al traste por la maldita rodilla. Me encontraba en ese estado en vez de tener otra victoria más para mi cosecha, para mi palmarés. Así dicho puede sonar un poco frívolo, pero reconozco que fue la primera reacción. Esas eran las ideas que sobrevolaban mi cabeza, desencadenadas por aquella mala pisada en la pista que, una y otra vez, me venía a la mente. Rebobinaba. Adelante y atrás. Y siempre acababa en el mismo lugar. Momento truncado. Mala suerte. Maldita...

Cojeando, regresé al vestuario y me metí en la sala de los fisioterapeutas. De momento no había mucho más que hacer que no fuera ponerme hielo y un buen vendaje que me protegiera, que me diera algo de sujeción, esa sensación que precisamente había perdido yo. Y allí hablé por teléfono con mi entrenador, con Fernando Rivas, que me pidió calma, tranquilidad... Lo necesitaba, aunque me era difícil encontrarla, no os voy a engañar.

Todavía me faltaba un punto de madurez y de entrar en razón; ojalá se pudiera elegir el día, la hora y el alcance de las lesiones, pero en la realidad y la vida hay otras cosas. Como las alegrías y las tristezas. Ambas se mezclan. Y conviven. Y tenemos que aprender que son nuestras compañeras de viaje.

En Yakarta me tocó perder. El partido, la final, y quizá, pensaba entonces, hasta los Juegos de Tokio. Eso no lo sabía todavía. Quedaba año y medio para esa gran cita, pero en aquel momento la lesión era para mí un misterio. Y en ese punto de exageración en el que de alguna manera estaba metida era una tragedia. Mi tragedia, a la que tenía que enfrentarme. La vida se ocupa de cambiarte los planes. Siempre. Hasta el punto más inimaginable. El COVID-19 nos lo ha hecho a todos, sin previo aviso, obligándonos a reinventar nuestro día a día, nuestro futuro y nuestros sueños.

En esta ocasión, Fernando, mi entrenador, no había viajado conmigo para acompañarme al Masters, aunque estaba viéndolo desde casa y no tardó en darse cuenta de que algo se me había roto. Resultaba evidente, por la forma en la que me caí y más al poder ver las imágenes a cámara lenta, que lo que estaba tocado era el ligamento cruzado. Aun así, fue prudente cuando hablamos la primera vez y no quiso decírmelo y alarmarme más de lo que yo de por sí ya estaba.

Al ver la trascendencia de la lesión, Fernando se puso manos a la obra y habló con Guille Sánchez, que es mi preparador físico, y también con Diego Chapinal, el fisio, y empezaron a trazar la estrategia de la recuperación, los plazos, el cómo, el dónde. En ese momento yo no tenía ni idea, me enteraría después.

Solo dos horas más tarde de que pasara lo que ya os he relatado en aquel partido de Yakarta, tomé un avión en dirección a Madrid. Llevaba la rodilla completamente vendada, inmovilizada, y no podía flexionarla. Emprendí el viaje con Anders y el fisioterapeuta regresó al día siguiente. Hice todo el esfuerzo del mundo por aislarme de todo en ese viaje, por no pensar en lo que tenía encima, nunca mejor dicho, por no pensar en esa rodilla que amenazaba con amargarme los próximos meses. Con series y películas, ocupé el tiempo, en un intento de engañar también a la mente.

Aunque fue un viaje curioso. Mientras el avión se distanciaba de Yakarta, mi mente volvía allí una y otra vez. Sin remedio. Yo intentaba que no fuera así, pero no lo podía evitar. Mi cabeza reproducía con la imaginación cada milímetro de lo que había pasado, como si tuviera el poder de echar marcha atrás y resolver el desenlace de una manera radicalmente distinta. Como si, por pensarlo, por desandar el camino, fuera a cambiar algo. No ocurrió. Ya os lo podéis imaginar, nada más lejos de la realidad. Si no hubiera peleado ese punto, si no hubiera intentado llegar hasta allí, en ese momento estaría con un trofeo de vuelta, feliz, victoriosa, con la sonrisa en la boca y no llena de miedos. Pero no. Lo peleé. Hasta el final. Sin miedo. Sin pudor. Sin guardarme nada. ¿Y ahora qué? ¿Y si es grave? ¿Y si esto cambia mi carrera para siempre? ¿Y si nada vuelve a ser lo mismo? ¿Y si nunca, jamás, vuelvo a ser la misma? Mientras me aterraba la idea de pisar un quirófano, temido lugar por el que no me habían visto el pelo en toda mi vida, intentaba encontrar en las series esa salida en la que perderme... Pero me había roto. Y ahí seguía, delante de mí: mi rodilla.

Soy campeona del mundo, de Europa, medalla de oro olímpica. Igual no era justo que pensara que tenía mala suerte, pero en ese momento no lo podía evitar. Mi cabeza era una lavadora centrifugando. Daba vueltas y más vueltas y era incapaz de parar.

La llegada a Madrid y el choque con la realidad

Aterricé en Madrid y directamente desde aeropuerto me llevaron a una clínica. Aquello era una urgencia en toda regla. En la primera prueba que me hicieron el médico ya vio que la rodilla estaba rota, pero me dijo que necesitaba confirmar el diagnóstico con una resonancia posterior. Y así fue. Seguimos el protocolo. Conseguí mantenerme tranquila en la espera. El fisio me comentó que era probable que solo fuera un esguince, y a eso me quise agarrar como a un clavo ardiendo. Si era así supondría uno o dos meses fuera de la competición. Así que por esas horas conseguí alejar un poco de mi cabeza la posibilidad de una lesión grave. Deseaba con urgencia conocer ya el alcance verdadero para ponerme al lío de la recuperación, hacer el cálculo de lo que me iba a perder y ponernos manos a la obra.

Pero esa positividad se hizo trizas. Me derrumbé. Estaba acompañada por mi madre cuando me dieron la noticia y el médico me confirmó la rotura de la rodilla. Me puse a llorar. Desconsoladamente. Ahora que lo recuerdo creo que fue de manera exagerada. El escuchar la palabra maldita, «rotura», me superó, no lo pude controlar, porque sabía lo que eso significaba.

Mi gente hizo lo único que se puede hacer en este caso: intentar poner paz en el desconcierto, tranquilizarme, y me hablaron de todos esos deportistas que han sufrido a lo largo de su vida serias lesiones que en un momento determinado pareció que partirían su vida en dos y luego fueron capaces de volver a competir al mismo nivel que antes sin ningún problema.

Una vez pasado ese trago, el de la frustración inicial, les dije que quería operarme cuanto antes. Si tenía el problema ahí había que solventarlo. Era un lunes a mediodía y el martes, veinticuatro horas después de la conversación, estaba entrando en el quirófano. Ya empezaba a dar los primeros pasos para hacer frente a la situación.

La operación salió muy bien. La lesión había resultado limpia y, por fortuna, ni el ligamento ni el menisco estaban tocados. ¡Genial!

Es curioso, pero se me han quedado muy grabados cada uno de esos momentos. Todo lo que pasó, cómo viví y experimenté cada paso. La habitación del hospital. La cama, que estaba medio inclinada. La mesita, el teléfono, la botella de agua, una bata azul, un vendaje aparatoso en la pierna derecha... Es como si hubiera hecho una foto en mi memoria y fuera a permanecer así para siempre. Todo esto que os he contado es lo que se guarda en la memoria fotográfica. Luego vino la infinidad de cariño de mi gente, las muchísimas personas que se preocuparon por mí. Aquella habitación que acabó llena de flores y más todavía de amistad y apoyo incondicional de los míos.

Es una de las cosas positivas que te dejan las desgracias: sentirte querida y apreciada. Y, en este caso, fue mi rodilla la que lo consiguió. Mi gente me envolvió en cariño, me arropó y consiguieron llenarme de energía, energía de la buena; aquello fue un torrente que acabó por desbordarme y, de alguna manera, aunque todavía no era consciente del todo de ello, me dio alas para volar y alcanzar el optimismo que me faltaba.

Las lágrimas me persiguieron en la salida del hospital. Eran una cruz para mí y lo debieron ser para todas esas personas que me quieren y que no me dejaron sola en el camino. Al llegar a casa, el hogar que me esperaba después de todo, hice un viaje a mi interior. Creo que todavía no había tenido tiempo para parar, aunque os cueste creerlo, y quise hablar con la Carolina de verdad. Encontrarme a mí misma. Y me dije: «¡Basta ya! Esto es lo que hay. Las cosas no se eligen, ocurren». Dejé de lamentarme, de mirarme el ombligo y decidí tener la voluntad necesaria para empezar a tomar las riendas de la situación.

Sentí cómo la cabeza iba dando pasos hacia adelante, igual eran micropasos, es posible, pero ya estaba pensando en que ahora tocaba trabajar, trabajar y trabajar sin descanso, hasta recuperarme y volver a ser la que era. Recuperar mi identidad. Había que dar carpetazo a ese mal sabor de boca, a aquel día de enero de 2019 en Yakarta, que se había convertido en toda una paradoja del destino. Un lugar que me ha dado maravillosos recuerdos que llevo grabados a fuego en el corazón y que siguen estando ahí a pesar de la lesión, pero que fue también el escenario de un momento muy duro. Ahora ya sé que representó mucho más, aunque necesité tiempo para darle a todo su verdadera dimensión. Sé que fue un punto clave en mi carrera. Un alto en el camino de sufrimiento, pero también de resurgir y crecer con un potencial tremendo. He encontrado una energía que a veces me cuesta explicar.

EL CUERPO AVISA, A PESAR DE QUE NO QUERAMOS OÍR

El cuerpo me avisó. Esto es posible que hace un tiempo lo hubiera negado. Me encontraba en tal plenitud mental y con tantas ganas de seguir compitiendo, ganando, ascendiendo posiciones, que hubiera negado la mayor, pero era así. En el fondo de mí, en algún lugar de mi alma, o de mi cabeza, quién sabe, en algún lugar, yo intuía que mi lesión de rodilla, no sé si tal y como se produjo, podía ocurrir en cualquier momento.

Estas palabras las dan la perspectiva del tiempo. Ahora es cuando me he dado cuenta de que las lesiones graves no caen del cielo, no vienen de un día para otro, no sorprenden. Eso es a lo que nos queremos aferrar, a la mala suerte, a la rabia, a la impotencia, a la desgracia, a todo lo que se nos trunca delante de nuestros ojos, al sacrificio que dejamos atrás y a los muchos sueños que se nos desvanecen. Pero, en muchos casos, tu cuerpo antes de romperse te avisa. Te habla, te envía señales; adelantaríamos mucho si fuéramos capaces de escucharlo. Hay determinados síntomas que nos ayudan a ver que las cosas no están del todo bien, pero las exigencias de las competiciones son tan brutales que nos seguimos ejercitando a tope, casi sin pensar o, mejor dicho, asumiendo que nosotros estamos por encima del bien y del mal y, de alguna manera, también nuestro cuerpo. Y este un día te dice: «Te has pasado», pero ya es tarde, ya no es un aviso, ya toca parar, recomponerse y reconstruirse.

Nunca había tenido un percance tan importante y ni tan siquiera nada que se le pareciera. Si lo pienso, el único problema que me puso contra las cuerdas y me hizo la vida más difícil, porque no me permitió rendir al cien por cien, fue el que tuve después de los Juegos Olímpicos de Río de Janeiro en 2016, donde conseguí la medalla de oro. Fueron unas molestias que tenía en el sacro, un hueso en la base de la columna vertebral. No era una lesión en sí misma, pero me producía los suficientes dolores como para impedirme entrenar con normalidad. Al final de cada semana tenía que parar porque no estaba bien. Y me hacía sentir incómoda, no vivir con la plenitud a la que estaba acostumbrada en mi preparación. Y ya os podéis imaginar que esa etapa no es comparable a lo que vino después.

Arrastré esa lesión durante unos meses, no acababa de encontrarme bien y fue para finales de año, en el mes de diciembre, cuando decidimos que la mejor opción era la infiltración. Los meses entre septiembre y diciembre fueron mortales. Muy duros. No tenía motivación. Los dolores no me dejaban entrenar ni competir bien, a la altura a la que estaba acostumbrada. Viví sensaciones muy desagradables y recuerdo que durante ese tiempo deseaba con todas mis fuerzas poder recuperar la normalidad, bendita normalidad, y que esas molestias que me estaban mermando tanto cesasen. Tenía la sensación de que había dejado de ser yo. No podía competir como deseaba, jugar como a mí me gustaba. Echaba la vista atrás y me daba cuenta de lo bien que se está cuando tu cuerpo te responde, cuando te deja ponerlo al límite, cuando no tienes un problema físico que te arrincone contra las cuerdas y te haga sentir que no puedes estar a la altura de siempre.

Esto desencadenó el que tampoco estuviera a gusto conmigo misma. No llegaba a disfrutar, pero, por otra parte, estaba obligada a acudir a los torneos, porque por el reglamento hay que ir a un determinado número de ellos al año cuando estás entre los diez mejores. Como no podía mejorar había tenido que entrenar con dolores y eso me impedía evolucionar, poder prepararme bien y al final me llevaba a una especie de conflicto interior que me hacía sentir insatisfecha.

Por mucho que intentes engañar a tu cerebro y saltar a la pista como si nada, cuando los dolores aprietan te das cuenta de que tu mejor versión no aparece, eres un espejismo de ti misma y lo defiendes como puedes, pero nada más. Y eso contagia toda tu vida. Lo que vives en la pista se arrastra a tu vida personal, te ofusca y te cuesta pensar con claridad también fuera. Necesitas poder moverte como si no pasara nada. Y eso no ocurre. Y así un día y otro, y otro más.

El cambio de año me vino bien y en enero ya empecé a entrenar y a competir con regularidad.

Si antes os he dicho que las lesiones avisan es porque he sido capaz, en este periodo de reposo, en este tiempo muerto, de echar para atrás en la máquina del tiempo, y darme cuenta de cuándo fueron esas llamadas de atención que, en su momento, yo no quise atender.

Aquel 27 de enero de 2019 era el último día de un periodo de dos meses que yo había pasado fuera de Madrid. Primero fui a China diez días por compromisos publicitarios, luego estuve otro mes disputando la liga india y posteriormente jugué otros torneos durante dos semanas más.

Fueron alrededor de ocho semanas muy exigentes fuera de casa. Sin estar acompañada de mi entorno; mis entrenadores iban y venían, pero en general todo resultaba un poco irregular. El desgaste resultó mayúsculo, tanto en lo físico como en lo mental. Tenía la sensación de no parar. A veces, entras en una rueda de exigencia máxima en la que no tienes la posibilidad de bajarte y solo te queda la opción de asumirlo y llevarlo de la mejor manera posible. Son bucles, etapas, que acaban por pasarse, pero que pueden llegar a hacer bola. Si lo reflexionaras sobre el terreno, en el mismo momento, pudiendo valorar lo cansado que estás o cómo te sientes físicamente, puede que tomaras otra decisión, pero ya te has comprometido y hay que tirar para adelante. La dinámica es tan brutal que no te permite pararte y decir: ¡hasta aquí!

El deportista de alto nivel vive una vida de exigencia tremenda. Muchas veces solo se transmite de nosotros la imagen de los resultados, cuando tienes la gran fortuna de conseguirlos, claro que no siempre es así. Cuando logras las medallas o alguna victoria importante. Pero luego hay otra realidad que pasa desapercibida a ojos de la mayoría, y es que entre un torneo y otro hay un trabajo increíble. Y muchísimos viajes, que acaban por invadir esa relación entre tu espacio y tu tiempo. Lo acotan de tal manera que a veces no sabes ni dónde estás, ni qué hora es e incluso si te toca desayunar o comer. Hasta ese punto puedes llegar a perder el rumbo. Y es difícil mantener las coordenadas de tu cuerpo, que son tan vitales para mantenerlo a punto para que luego, cuando lo necesitamos, nos responda. Como ahora usamos herramientas muy precisas para tenernos controlados, ya me lo iba diciendo el análisis biométrico diario de mi estado físico. Me avisaba ya de unos valores muy bajos de descanso, de músculos y otros aspectos en general. Sabía que debía tener cuidado. Tenía unas ganas tremendas de regresar a Madrid y descansar.

Todo esto eclosionó brutalmente con la lesión que me paró en seco. Era la demostración de que a pesar de que a veces nos pensamos que somos superhéroes, no somos máquinas, y el cuerpo viene con sus limitaciones incorporadas y el nivel de exigencia al que le sometemos es muy elevado. Hay que aceptar que puede llegar un punto en el que tú le pidas al cuerpo y el cuerpo no te lo dé. Y, si te lo da, te arriesgas a que eso acarree más tarde unas graves consecuencias.

«Recuerdo que, cuando me propusieron comenzar a trabajar con Carolina, ella acababa de ser campeona del mundo por primera vez, era muy joven y creí que sería un trabajo duro en su inicio. Pensé que su ego estaría por las nubes en ese momento. La sorpresa fue mayúscula. Me encontré a una persona agradable en el trato y simpática, receptiva a la hora de seguir pautas de trabajo.

Si tuviera que destacar una característica diferenciada de Carolina con respecto al resto es su fortaleza mental a la hora de realizar el trabajo planteado, lo que la lleva a una capacidad de tolerar el esfuerzo, disciplina y perseverancia que hacen de ella una deportista diferente y un referente.

Fuera de la pista es una persona pausada y calmada, y hasta a veces despistada, y cuando entra en la cancha y se activa se convierte en una auténtica máquina».

Diego Chapinal,
fisio.

3.

CRECERSE ANTE LAS ADVERSIDADES

En este tipo de procesos te expones a muchas cosas y entre ellas a ti misma, a redescubrirte, y yo me he dado cuenta de que he sido capaz de desarrollar una paciencia que no tenía, o debía tener guardada en algún lugar escondido. De hecho, en mi vida rutinaria, en mi día a día, diría que soy más impaciente que otra cosa. Aunque la vida te va poniendo obstáculos y aprendes, sí o sí.

Como cuando estoy en entrenamiento y competición, también había que fijarse unos plazos y unos objetivos. Algo que me hiciera poner ilusión y ganas al asunto para no volver a decaer. Aunque los límites me los iba a ir marcando la propia rodilla, yo iba a intentar llegar al máximo, porque sabía que era mi manera de sentirme bien.

Recuerdo ese paralelismo, recién operada todavía, entre la pierna derecha, que llevaba completamente protegida y destrozada, claro, con la izquierda, que estaba sana y perfecta. Era una representación de la imagen de la vida.

Lo bueno y lo malo y una situación al lado de la otra, conviviendo. La lucha estaba en lograr que ambas se igualaran. Volver a lo que, hasta entonces, y dentro de un enorme privilegio, había sido vivir en la normalidad.

De pronto, me vi en un *impasse* como nunca había vivido. Me vino bien estar un tiempo centrada y tranquila en Madrid, en el CAR (Centro de Alto Rendimiento), sin competir. Necesitaba ese parón mental. Mejorar cosas de los entrenamientos, tanto a nivel técnico como táctico, del plan de juego. A veces, con solo pensar se hace ya parte del camino, aunque estés parada. Hace que tu mente madure, pone las ideas en orden en un mundo en el que pasa todo demasiado rápido y ya os he contado que vivimos en una vorágine constante. Con el calendario de torneos a tope, hay ciertas cosas para las que de verdad no hay tiempo y algunos detalles se nos escapan. Pude entonces meterme de lleno en ellos. Sin sentirme culpable por descuidar otras cosas, porque en realidad poco podía hacer.

Así que «gracias» a que no podía competir, gracias a esa aparente inactividad, tuve tiempo de mejorar bastantes golpes o aspectos técnicos a los que me hacía falta dedicar tiempo, detenerme en ello. En el alto nivel no está permitido parar, el propio ritmo del deporte lo impide. Si lo haces, habrá alguien que aproveche ese momento para adelantarte. No puedes desfallecer. Por eso os daréis cuenta de que no hay tiempos en blanco, no nos detenemos nunca. Son las lesiones las que nos paran, las que nos obligan a bajarnos del tren a la fuerza.

Estaba en periodo de adaptación, adecuándome a la nueva situación, pero el objetivo de los Juegos seguía por ahí. Por supuesto. Ese es un objetivo que un deportista nunca jamás puede perder de vista, ni con una lesión así de grave. El problema no era solo llegar bien a Tokio, sino que también existe la obligación de disputar partidos para obtener los puntos necesarios y no bajar en el *ranking* para ser cabeza de serie en Tokio. No es tan fácil. Consiste en ir sumando para llegar al objetivo planteado.

Mi cabeza había hecho un parón. Había dicho hasta aquí hemos llegado y estaba aprendiendo a ver la parte positiva de todo esto. Aprendí a cambiar el enfoque de lo que había ocurrido y no volví a llorar ni a sentir esas cosas negativas que me invadieron en los primeros días. Mi estructura mental ya era otra. Ni tan siquiera por no competir. Estaba en otra batalla. Era fuerte y quería superarlo. Pelear, luchar, esforzarme y salir adelante, ya mentalizada de que las adversidades están ahí y forman parte de la vida. No las eliges tú, sino que en cualquier momento pueden elegirnos a nosotros. Había que salir del túnel. Y eran muchos los que lo habían conseguido. Ellos eran el espejo en el que mirarme, la inspiración.

Fui cumpliendo los plazos y mi rodilla respondía bien. Éramos un buen equipo y estábamos sabiendo avanzar juntos. Notaba cómo la confianza crecía en mí por días, al igual que las ganas de competir. Una y otra iban de la mano. Era curioso, porque ese nerviosismo y esa actividad que me habían caracterizado desde siempre se apaciguaron durante la convalecencia y desarrollé una calma infinita, asumí un rol paciente para esperar el momento idóneo en el que mi cuerpo y mente estuvieran preparados de verdad para competir. No quería adelantar los plazos y equivocarme, no quería asumir un salto al vacío que me pudiera generar problemas después.

Era consciente del riesgo que entrañaba querer acelerar los tiempos. Tenía que frenar en ocasiones mis deseos de seguir avanzando con más rapidez de la aconsejable. Si forzaba sabía que las cosas podían empeorar. Y si tenía que parar o disminuir la intensidad de los ejercicios, lo hacía. No pasaba nada. Bajaba la carga de los entrenamientos y no había problema.

Son decisiones difíciles porque tienes que saber equilibrar tus ganas de volver a jugar con la posibilidad de que tu cuerpo siga ese ritmo que tú le quieres imponer.

Ese escuchar tu cuerpo por encima de tu ambición era algo inaudito para mí, un aprendizaje que me ha dejado este tiempo sobre las virtudes que podemos llegar a desarrollar en determinados momentos. He sido capaz de esperar el momento idóneo para competir.

Y ahora que ya tengo desarrollada esa virtud, la he puesto en práctica para lo que más me interesa del mundo, que es el juego, la pista, la cancha, para esos partidos con puntos largos. Antes, cuando estaba cansada, me la jugaba con un golpe para acabar cuanto antes, ahora ya no. Este es uno de los aspectos más determinantes que me ha enseñado la lesión. La paciencia ya forma parte de mi vida. Me admiro cuando observo ciertos detalles cotidianos en la actualidad y la tranquilidad con que los afronto. Hace un par de años no habría reaccionado igual. Doy por bien empleado el tiempo, he sabido aprovecharlo y tomar impulso para mejorar aspectos que había que definir mejor. Mentalmente siento que he madurado, he aprendido a controlar mis emociones en la pista. En ocasiones me sentía un poco inútil, como si fuera una niña pequeña y no acabara de despegarme de ese papel. He tenido que empezar de nuevo en muchos aspectos, he tenido que desandar el camino y volver a comenzar, con todo lo que eso supone. Tuve que aprender a saltar de nuevo, a recepcionar, a moverme por la pista. A mis veintisiete años, cuando crees que lo sabes todo de tu disciplina, que te quedan pocos secretos por descubrir del deporte al que te dedicas en cuerpo y alma... De pronto empiezas de cero. Empecé golpeando el volante con la raqueta sentada. Mi cabeza impulsaba mi cuerpo y lo que pensaba era que ya estaba superando etapas, el primer escalón, de muchos, pero ya era la primera etapa.

Fue duro, no pretendo contar ahora una historia bonita sin más. Estar en plena forma y reinventarme fue un proceso arduo. El deporte de alto nivel es mi vida. Mis sueños, mis desvelos, mi forma de ganarme el sustento. Lo es todo. De pronto, me había quedado con una pierna inutilizada y me había convertido en una persona dependiente.

Tokio 2020 estuvo en mi cabeza siempre, como os comentaba. Fue para mí una dosis de energía. Y pensar en volver a subir a lo más alto del podio también. La convalecencia no solo me sirvió a mí, creo que unió a mi equipo más que nunca. Fernando, el entrenador, me apoyó sin fisuras desde el minuto uno, y eso se agradece tanto... ese soporte moral. Me acuerdo de que todavía tenía la escayola puesta en la pierna y él me decía que podíamos llegar a tiempo de conseguir el oro en los Juegos Olímpicos. Yo le miraba y lo único que quería era creerle. Escuchaba al pie de la letra sus palabras y me imaginaba de vuelta ahí arriba, en el podio, y lloraba solo de pensarlo.

Durante la convalecencia noté el calor de todo mi equipo, de mi gente, no me dejaron caer ni un momento. Fueron el sostén, el empuje, el calor cuando se colaba el frío por mis pensamientos. Y así un día detrás de otro. La desgracia nos unió. Y nos hizo fuertes. Es fundamental no sentirte sola. Levantar la cabeza y ver que hay gente a tu alrededor dispuesta a echarte una mano. Y saber que, si en algún momento flojeas, vas a tener cerca a personas que te van a dar esa fuerza tan necesaria en momentos como este.

De ahí mi eterna insistencia en que cuando salto a la pista no juego sola. Somos un equipo. Hay mucha gente que trabaja detrás para que todo funcione y eso ocurre todos los días y es la clave para que afronte los partidos con ganas de vencer y triunfar. Ese trabajo anónimo es el que a mí me da alas. Durante los meses de recuperación y convalecencia, ellos, que no quieren salir en las noticias, que trabajan en la sombra, no fallaron ni un solo día. Así que he podido confirmar lo que ya sabía: que somos capaces de celebrar los triunfos y también hacernos fuertes en las desgracias.

«*Quizá no tenga la oportunidad de volver a ver unas características tan llevadas al extremo como las que tiene Carolina. Es una privilegiada y siempre la comparo con uno de mis superhéroes de Marvel favoritos. Ella es como Lobezno, por su capacidad de recuperase ante esfuerzos extremos que a cualquier otro jugador dejarían tocado varios días.*

A ello se suma una capacidad de tolerancia al dolor, al esfuerzo y al sufrimiento inmensa. A veces, he intentado parar el entrenamiento y me ha dicho: "Ni se te ocurra, sube la intensidad, puedo más".

Como persona es risueña, guasona, sin vergüenza, mal hablada y muy pícara. No ha perdido el carácter andaluz».

Guillermo Sánchez,
preparador físico.

4.

Recuperarse: ese camino más duro que el de cualquier preparación

Recuerdo, y tengo la sensación de que va a haber cosas que van a permanecer ya por mucho tiempo en mi cabeza, que cuando volví a casa después de la operación tuve que estar cinco días con la pierna en alto. En el dique seco, sí o sí. Ahí todavía no cabía otra opción. No había alternativa. Era el protocolo después de la intervención quirúrgica a la que me acababa de someter. Después, poco a poco, comencé a ponerme de pie y apoyar. Cuando el comienzo es tan básico, sabe muy bien cualquier avance, porque todo es un mundo y a su vez un paso de auténtico gigante.

Para mí era clave ir superando etapas, fases, por pequeñas que fueran, a veces minúsculas, pero todo sumaba. Ya sabía de la dureza del camino y de la ingratitud, no había victoria pública, que sinceramente es a lo que estaba acostumbrada, ahora era otra cosa, eran victorias íntimas, pero muy reconfortantes. Tenía que recorrer un largo camino para volver al punto donde lo había dejado.

Había desaparecido de mi mundo. Una lesión me había quitado del medio y había dejado muchas incógnitas, que solo yo y el tiempo podíamos despejar. Y ahí radicaba todo mi empeño y mis esfuerzos. La recompensa esta vez no iba a ser una medalla de bronce, ni plata ni oro, ni tampoco una copa. Mi recompensa mayor y más esperada era poder regresar a una pista, volver a competir y sentir que estaba al cien por cien. Ese era mi objetivo. Volver a ser yo. No me asustaban el sacrifico ni los esfuerzos. Esos los llevaba haciendo toda la vida.

Quería volver a partir en igualdad de condiciones que el resto de las volantistas, ahora no lo estaba, me encontraba en un terreno negativo, en esa balanza salía perdiendo y debía conseguir igualarme en el apartado físico y que después fuera el talento de unas y de otras el que marcara los resultados.

Cada ejercicio que incorporaba en el proceso de recuperación era un aliciente para mí. Al igual que los que iba dejando atrás. Sabía los deberes que tenía para cada día. Al final de la jornada pensaba: un día menos para volver y un día más avanzado. Era un calendario que quizá solo yo tenía en la cabeza, pero se llegó a convertir en casi una obsesión y también en un estímulo maravilloso para dejar atrás las lágrimas y luchar por la recuperación.

Y ya sabía que al día siguiente me volvía a enfrentar a ello, a seguir recuperándome a pesar de los dolores, aunque no me encontrara bien. Si me tenía que morder los labios por la dureza del momento ¡me los mordía! Y a veces a punto estaban de volver las lágrimas, pero esta vez del terrible dolor que tenía.

Son rehabilitaciones muy sufridas y más cuando no te permites otra opción y tu objetivo no es una vida normal, sino volver a competir y regresar al cien por cien. Es más, si puede ser el ciento veinte, ¡mejor!

Solo paraba para comer. Las jornadas diarias que afrontaba eran de nueve a dos de la tarde y de cuatro a nueve de la noche. Una locura. Y llegaba el fin de semana y tampoco paraba. Hacía ejercicios para recuperar. En mi cabeza, en verdad, os soy sincera, había una idea única, un pensamiento único que me recorría una y otra vez como un escalofrío, no se me quería escapar la oportunidad y por ello, para que no ocurriera, ponía todos los medios que estaban a mi alcance. Alterné el trabajo en el CAR de Madrid con la estancia en Sierra Nevada. Este emplazamiento es fundamental por su altitud y por lo que esta aporta a los entrenamientos. Cuanta más altura haya, más rápido vuela el volante. Pero esta velocidad podía ser contraproducente, porque no estaba preparada para unos ejercicios tan exigentes. Así que durante un tiempo estuve entrenándome con unos volantes más lentos de lo habitual, hasta que mi cuerpo se fuera haciendo a la velocidad, hasta que mi cuerpo se adaptara a la realidad. Había que darle su tiempo.

«CALMA, ALEGRÍA Y FUERZA»

En la sala del CAR de Madrid, donde me entreno desde que llegué con catorce años, tengo puestos dos carteles que para mí son muy significativos. Uno de ellos refleja mi imagen y un lema: *Calma, alegría y fuerza*. Tres ingredientes fundamentales en el deporte y en la vida. Insisto en lo de calma porque yo al principio no era nada tranquila. He madurado. Es una de esas cualidades que he tenido que trabajar, desarrollar, pulir, porque mi ímpetu me llevaba justo al lado opuesto. En un partido de bádminton va todo muy rápido. No puedes perder la concentración. Y has de tener calma. He jugado partidos con casi diez mil personas en el pabellón gritando. Ante eso, la mejor medicina es la calma. Me la he tenido que tatuar en el algún lugar de mi cerebro y he aprendido que es una buena aliada, que te da ese punto de equilibrio necesario para dar con la tecla y que las cosas salgan. En este caso es el contrapeso que necesito para mi personalidad.

Pero también es necesaria la alegría. Y esto sí que es extensivo a todos los ámbitos de la vida. Las cosas que se hacen con alegría siempre salen mejor. Hago ejercicios para visualizar y recordar momentos culminantes de mi carrera. Ello me transmite una mayor confianza para afrontar los partidos. Si piensas en positivo te generas buenas sensaciones y las irradias, creo que esa es una parte muy buena y que hay que trabajarla. Igual que ocurre al contrario con lo negativo. Cuando te invaden los pensamientos negros parece que todo va mal, es como un bucle que cuesta abandonar. Hay que intentar darle la vuelta y que la rueda gire por el lado de las cosas buenas.

Y fuerza, por supuesto. No hay que desanimarse. Hay que pelear. Luchar por unos objetivos. Para ello es muy importante el trabajo psicológico. La fuerza mental. La cabeza nos puede jugar muy malas pasadas. En la cabeza tenemos un potencial tremendo y hay que tener la capacidad de usarlo, de sacar lo mejor de nosotros, sobre todo en los momentos importantes, cuando hay que dar nuestra mejor dimensión, o en aquellos que son definitivos.

El otro póster es un podio olímpico con una frase superpuesta: *Decide dónde quieres estar*. Los dos están ahí desde antes de los Juegos Olímpicos de Río. Me encanta esa frase. Es inspiradora. La leo y me recreo. La intento interiorizar.

Ambos carteles los veo cada día cuando me entreno. Y también durante la recuperación, por supuesto. Ambos me sirven para recordarme muchas cosas, para asentar conceptos que sé, en los que creo y que no quiero que se me olviden. Es importante tener en tu estructura mental unas ideas en las que creer y apoyarte, que te sirvan de guía en los momentos buenos y en los malos.

Igual que os he contado que en primera instancia de la lesión me derrumbé y me costó muchas lágrimas, después no viví apenas momentos de debilidad durante la recuperación. Incluso os diría que pensé que iba a ser aún más dolorosa. Y lo era, en algunos momentos mucho, pero puede que me preparara tanto para lo que iba a venir, que luego me pareció menos. También es cierto que tengo muy alto el umbral del dolor y para estas ocasiones eso ayuda mucho. Cuando me han doblado la rodilla he visto las estrellas, pero a la hora de entrenar lo he sufrido menos, o al menos el recuerdo que me ha quedado ha sido ese.

La psicología. El camino del perfeccionismo

No quería fallar a mi gente, que también se estaba dejando la piel conmigo cada día. Así que aproveché ese tiempo para parar en Madrid. Alejada del circuito de torneos y de la vida de locos que supone, aproveché para poner las ideas en orden, equilibré mi cuerpo para forzarle sin que se rompiera, porque eso hubiera supuesto también que me desplomara yo, soñé día y noche con volver a Tokio para ganar el oro después de haberlo hecho en los Juegos Olímpicos de Río de Janeiro... Y, sin lugar a duda, el papel desempeñado durante esa etapa por las psicólogas fue fundamental para que pudiera poner cada cosa en su sitio. Quizá ha sido el periodo de crecimiento más importante. De reposo en crecimiento.

Si la psicología me ha dado muchísimo para poder afrontar con éxito torneos y partidos, también ha sido vital para seguir evolucionando como deportista. Confío plenamente en mi equipo, y si ellas me dicen que algo es bueno para mi trabajo, lo hago.

Hay que saber y tener muy claro cómo eres, dónde están tus fallos, tus virtudes y dónde crees que puedes mejorar. En mi caso soy muy perfeccionista y eso hace que me cueste aceptar el error. Muchas veces es imposible que las cosas salgan perfectas y mi problema es que cuando no salen tiendo al enfado, a mosquearme. Y mucho.

Ellas me han ayudado a trabajarlo. Por ejemplo, a encarar partidos que no van bien. Me mentalizan para admitir y encajar que no va a ser mi mejor partido e intentar controlar mis nervios al darme cuenta de que no están saliendo las cosas como yo quiero y encontrar esa calma de la que os he hablado antes, que puede ser la mejor aliada en muchas ocasiones y que a mí, así de primeras, me cuesta. El ímpetu me puede. Mi inercia inicial de siempre ha sido pensar que si luchaba y lo daba todo en la pista tenía la capacidad de dar la vuelta a la situación. Luego me he dado cuenta de que muchos partidos los he sacado adelante por pura mentalización, por echar mano de la psicología.

María Martínez se encarga del ámbito deportivo y me acompañó mucho durante la recuperación de la lesión. Hizo un trabajo sensacional. Se preocupó en todo momento de cómo me encontraba emocionalmente, del cansancio, estuvo pendiente en todo el proceso. Es una mezcla entre un entrenamiento psicológico y a su vez profundizar en mi bienestar emocional. Fue un apoyo clave en la etapa en la que me entrenaba con las muletas y ni os cuento en el momento de competir. Es una pieza fundamental.

Cuando apenas podía moverme, trabajé bastante con María el entrenamiento imaginario. Me figuraba en mi cabeza situaciones en la pista y lances del juego. Eran pensamientos virtuales, pero me aportaron mucho. En la mente lo tenemos todo y aunque no nos podamos mover, se puede seguir trabajando. Si estás bien tú, es más fácil que hagas girar tu mundo y logres recuperarte pronto que cuando te fundes y todo es un mundo.

Recuerdo que también estuvo muy atenta a mi nivel de estrés, porque la cabeza no es ajena a la exigencia de unos ejercicios y de un trabajo tan duro como requiere recuperarse de una lesión grave. En los entrenamientos me colocaban un sensor en la oreja que iba mandando señales a un ordenador sobre mi nivel emocional. Es alucinante todo lo que ocurre dentro de nosotros y que pensamos que es imperceptible o que podemos controlar y a veces se nos escapa. Y lo es todo.

María se encargó de enviarme de manera periódica un cuestionario para saber cómo estaba mi cuerpo de estrés y de emociones.

Además me ayuda la psicoanalista Fary Barembaum, que después de la lesión trabajó mucho conmigo el hecho de que no tuviera miedo en la recuperación y en mi vuelta a las pistas. Contribuyó a que yo ahuyentara la posibilidad de una recaída o de una nueva lesión. Además, se interesa por mi lado personal. Está pendiente de cómo estoy, cómo me lesioné, qué pasó por mi cabeza, cómo se encuentra mi familia, mi entrenador...

Pero las dos trabajan, a su vez, juntas, porque se intercambian información sobre mí. No hacen su labor de forma individual. Las dos se complementan. Fueron cruciales durante mi recuperación y lo siguen siendo desde que volví a la competición. Me da seguridad sentir que están ahí para cuando las pueda necesitar.

«Carolina es enérgica. *Es capaz de transmitir una fuerza que le sale de dentro hacia afuera y que contagia, y que aprendiendo a dominarla ha sido su mayor aliada para conseguir tantos éxitos.*

Una persona de ideas claras y emociones intensas, que hacen que sean determinantes en sus acciones. Es una de esas deportistas capaces de romper el techo por arriba, de dar y exigir un poco más para mejorarse y hacernos mejorar a los de su alrededor, ya que juega en individual lo que trabaja en equipo».

María Martínez,
psicóloga.

5.

Todo llega: el ansiado regreso

Después de siete meses y medio, lo había conseguido. Mi cuerpo había respondido mucho mejor de lo imaginado. Me había recuperado. Ahora llegaba el otro gran desafío: ponerme a punto. Estaba el cuerpo: venía la dinámica de partido. La otra realidad. El retorno no iba a ser fácil. Volver al mundo del que llevaba un tiempo desaparecida. Mi rodilla me había apartado del planeta, mi planeta. Estaba fuera de las competiciones y ya me encontraba bien, pero claro, no a tope. El estado perfecto de forma me lo tenían que dar los partidos y había llegado el momento de enfrentarme a ellos y asumir el vértigo.

Era un 11 de septiembre de 2019. Mi regreso a la pista. En mayúsculas. Con las emociones a flor de piel. Por fin. Respiré hondo, habían transcurrido muchos meses y en realidad también muchas angustias y miedos. Intentaría dejar aquella jornada de Yakarta atrás. Viajamos a Vietnam, a Ho Chi Minh, donde se jugaba el Masters 100. Mi rival era la tailandesa Supanida Katethong y empecé bien, con una ventaja de cinco puntos (10-5), pero finalmente perdí ese primer set (24-22).

En el segundo llegué a ponerme con (18-14) a favor. Sin embargo, la tailandesa me hizo seis puntos seguidos y venció (22-20). Caí derrotada. Fue un palo. Perdí por dos sets a cero en 50 minutos. Terminé decepcionada conmigo misma. La verdad es que me encontraba bien, tenía buenas sensaciones y me había preparado perfectamente para el torneo.

Era optimista, a pesar de que era consciente de que el hecho de haber estado tanto tiempo fuera de la competición jugaba en mi contra. Además, se trataba de un Masters 100, más bajo de nivel que los de 500, 750 o 1000, donde van las mejores del mundo.

Durante los entrenamientos me había encontrado bien, pero luego en la pista hacía mucho calor y sudaba mucho, algo a lo que no estaba acostumbrada en Madrid.

Antes de saltar a la cancha, mi entrenador me preguntó si estaba nerviosa, si tenía claro el plan de juego, la táctica que emplear. Le dije que sí. Estaba muy metida en el partido y sabía lo que debía hacer.

Lo tenía todo en la cabeza y unas ganas increíbles de afrontar la vuelta.

Era el momento que llevaba deseando desde la fatídica lesión. Ya había llegado. Estaba ahí. Ahora tenía que demostrar que seguía siendo la misma de antes.

Hasta aquí, todo bien. Pero después de calentar con la

rival, me dispuse a sacar y, de repente, noté que mi cuerpo empezaba a temblar de nervios. Esos mismos de los que no había sido tan consciente hasta ese momento. Era como si los ocho meses que dejaba atrás hicieran presa de mí en ese instante, como si la sombra de Yakarta me hubiera atrapado sin quererlo.

Me impresioné más de lo debido y, por supuesto, más de lo querido. Me desbordó la sensación de que era mi vuelta a la competición y la presión que yo me había metido para ganar el primer partido después de la recuperación. No me permitía fallar. Quería dar la imagen de que no había pasado nada. Que todo el esfuerzo que había hecho se viera recompensando con el triunfo y eso acabó por convertirse en una presión muy negativa. Lo convertí todo en una obsesión por ganar y me olvidé del camino que antes había que recorrer para lograrlo y de que hacía tiempo que había comenzado un proceso que no tenía por qué acabar ahí, precisamente el día de mi reaparición, por mucho que yo me empeñara.

Me desentendí de la táctica que tenía que llevar a cabo y de la estrategia que habíamos preparado. Me fijaba en el marcador y me ponía todavía más nerviosa y tensa. Perdí con un tanteador muy justo. Pero las sensaciones no fueron nada buenas. Me dije: «¡Joder, vaya mierda de vuelta que he hecho!».

Fernando, mi entrenador, me manifestó con claridad que había sido un desastre de partido y me pidió que lo asumiera y que hiciera autocrítica porque esa era la mejor manera de seguir creciendo. Sentí que había defraudado a mi equipo y a mí misma por no haber sabido gestionar la parte emocional que suponía la vuelta a las pistas. Me pudieron las ganas de agradar y de vencer.

La derrota no entraba en mis planes. Me encontraba bien y, antes de empezar, ya me veía ganando no solo el partido, sino también el torneo. La lectura buena de lo que ocurrió fue que la rodilla no me dio ningún problema ni pensé en ella durante el encuentro. Esto me dio más seguridad en mí misma. A veces, puede pasar que deseamos tanto que llegue una fecha que, cuando la tenemos ahí, no sabemos luego gestionar las emociones y las estrategias. Y eso fue precisamente lo que me pasó. Me desbordó la situación. Me pudo mi ansia de ganar. Y yo misma me torpedeé. Ese día de mi reaparición lo tenía visualizado en mi cabeza desde que supe que me había roto la rodilla. Era mi objetivo. Volver. Competir. Y ganar. Al no haber contemplado otra opción, entré en un bloqueo que me llevó a una nefasta gestión.

Había vuelto y había competido. No había ganado. Tal vez sirvió para ponerme en mi sitio en aquel momento. Fue un golpe de realidad que me hizo aprender más que una victoria. Reparar en que nadie me iba a regalar nada, como había sido siempre, y que tenía que pelear mucho para recobrar ese nivel que antes tenía. Como tengo mal perder, y eso lo sé, lo que me propuse fue seguir trabajando a tope para recobrar cuanto antes mi posición, que es en la que yo me siento a gusto.

El partido fue un miércoles. Nos quedamos allí hasta el domingo y nos fuimos a China a disputar un Masters Super 1000, los Grand Slam del bádminton. El martes recuerdo que jugaba con la japonesa Okuhara, que era subcampeona del mundo. A priori pensé que iba ser muy difícil que la derrotara. Me faltaba mucho ritmo.

Gané el partido en dos sets (21-16 y 21-18). Fue para mí una victoria balsámica. La necesitaba. Después del varapalo de Vietnam, un triunfo así me supo a gloria y más ante una de las mejores del mundo. Era fundamental recobrar la confianza en mí misma. Estaba en el camino correcto, volvía a pisar ese terreno en el que se corroboraba que volvía a ser la de siempre. Aquel fue más que un partido para mí, más que una victoria. Supuso mi vuelta. Algo más profundo.

Los días que estuve en Vietnam después de aquella derrota hablé con la psicóloga por videoconferencia y también con Fernando, mi entrenador, y fuimos poniendo las ideas en orden. Las conversaciones me sirvieron para ganar más confianza en los entrenamientos y salí al partido con otra mentalidad.

A este torneo había viajado con otro entrenador, Ernesto, y con otro fisio, Carlos. Recuerdo que Ernesto me dijo algo que me gustó mucho: «Hemos venido al torneo a intentar jugar el máximo de minutos de partido para ir acumulando rodaje y ganar competitividad».

Aquellas palabras en el momento adecuado lograron que me relajara, que no saliera a la pista con esa presión que tuve en Vietnam, que logró traicionarme. También sabía que la japonesa era de las mejores del mundo y que yo no tenía el ritmo necesario después de estar tanto tiempo parada. ¡Qué curiosa es la cabeza! A priori la situación era mucho más compleja que la anterior. La estrategia la tenía clara y, gracias a dejar de presionarme y a no centrarme en el marcador, jugué más relajada y me dediqué a pensar en lo más importante: el juego. Y hasta podría decir que a disfrutarlo.

Y así lo seguí haciendo durante el resto de las eliminatorias del torneo, hasta llegar a la final y ganar a la taiwanesa Tzu Ying en tres sets (14-21, 21-17 y 21-18) y remontando, como ya había hecho en cuartos y en semifinales.

Ya podíamos hablar de la final. ¡Una final de nuevo! Las cosas se ponían en su sitio. Y la afronté con suma tranquilidad. Tenía poco que perder y mucho que ganar. Había caído previamente cinco veces seguidas contra ella. Era la número uno del *ranking*. No esperaba derrotarla después de estar casi ocho meses de baja.

Cuando acabó el partido me tiré al suelo y se me saltaron las lágrimas. Lo había logrado. A los ocho meses de romperme, triunfaba en uno de los grandes y ante las mejores del mundo. Me quité el mal sabor de boca de Vietnam. Me demostré que ya estaba en condiciones de mirar a la cara a mis contrincantes, que podía volver a ganar como antes de la lesión. Y también a perder, por supuesto. Estaba preparada. A pesar de que me joden mucho las derrotas.

Nadie pensaba que fuera a conquistar un título tan pronto. Me benefició no acudir al Mundial, que se había celebrado semanas antes. Ello hizo que pudiera seguir con mi ritmo de preparación sin forzar la vuelta. Y también fue acertado, incluso perdiendo, disputar el torneo de Vietnam, porque me sirvió para volver a aprender a competir. Me llevé un tortazo con la derrota, pero me fue de mucha utilidad.

Observé que me sentía segura en la pista. La rotura de la rodilla no apareció en mi cabeza. Esto era un gran avance. Y lo que tuve que aprender de nuevo fue a gestionar la pista, la competición, a no perderme por mis ansias de querer todo ya, de inmediato, que fue lo que me ocurrió en Vietman. Lo que yo no había calibrado para mi vuelta era que pudiera perder en la primera ronda y fue eso lo que pasó y me reventó. Es la cara B de toda esta historia. La que también ocurre, más allá de las lesiones, la otra parte de la realidad.

Tuve la inmensa fortuna de recoger muy pronto la recompensa de todo lo sembrado y de pronto ya solo venía el lado bueno que suponía mi vuelta a las pistas y no me acordaba de la rodilla, a pesar de que su recuerdo había copado mis días y mis noches en los últimos ocho meses de mi vida y me había parado en seco. China me devolvió la vida. La ilusión. Y todo. Y me di cuenta de algo que ya intuía en los entrenamientos, en esos meses de espera, de cocción a fuego lento, y es que siento que soy mejor jugadora que antes, que he madurado y he crecido como deportista después de la lesión.

Me noté mejor, técnica y tácticamente. La victoria en el Masters de China fue impactante. Saqué las cosas que había aprendido en esos más de siete meses de parón, sobre todo fui capaz de sacar a relucir la paciencia. Esa calma que hice mía, para poder hacer las cosas paso a paso, para disfrutarlas, para gestionarlas bien sin querer anticiparme a los ritmos.

Mi juego también había dado un giro en cuanto a la táctica y, cuando volví, las rivales no sabían cómo iba a jugar. Eso era un plus para mí. Ellas partían ahora de cero, porque yo había modificado muchísimas cosas. Durante un tiempo no habían sabido nada de mí. No me gusta subir vídeos en Internet para mostrar detalles o estrategias. Eso lo mantenemos siempre en secreto. Solo lo desvelamos en los partidos. Por todo ello, se puede decir que en China mis rivales se enfrentaron a una jugadora nueva, de la que no tenían referencias.

Fue en ese momento, cuando de pronto me vi allí de nuevo, cuando caí en la cuenta de lo rápido que había pasado el tiempo y de lo bien que me había recuperado. Después de lesionarme, los médicos me dijeron que, para un deporte de alto nivel como el mío, que tiene cambios de movimiento continuos y en el que la rodilla sufre muchísimo, lo normal era estar sin competir un año. Yo volví a los siete meses y medio. Sé que es un récord, me hace sentir bien, pero lo que más orgullosa me hacía sentir es que me notaba renovada en la pista; no es que no me resintiera de la rodilla, que eso era maravilloso, sino que había aprovechado todo ese tiempo para mejorar, para evolucionar, para pulir detalles. Había sido una gran inversión. Obligada, pero rentabilizada. Y de esa amargura inicial por la que tanto sufrí, llegué a sentirme feliz en tiempo récord.

La vida me había enseñado otro camino. Y me había mostrado que a veces hay que aprender a mirar con otros ojos para ver muchas más cosas.

Me sorprendió mi cuerpo, al que estoy infinitamente agradecida, porque reaccionó tan positiva y tan velozmente para recuperarse, y el regreso resultó emocionante y bueno. Sabía que, tras la vuelta, los tres primeros meses de competición eran muy importantes, sobre todo para volver a coger el ritmo, la rutina, todas aquellas cosas que había perdido durante los últimos meses y, por supuesto, también para ganar torneos y acumular puntos, pero yo tenía claro que si cogía el ritmo adecuado los triunfos vendrían solos.

SEGUNDA PARTE

«*Soy su madre, hablar de mi hija es imposible si no hago una diferenciación entre Carolina Marín deportista y "mi Carito".*

Os podéis imaginar que de la deportista soy una gran seguidora y admiradora. Es tremenda.

Mi Carito es una chica responsable, trabajadora y muy exigente consigo misma. Me encanta lo extrovertida que es, pero no pierde ese punto de timidez que siempre la ha caracterizado. Ni su alegría. Y sigue siendo muy familiar.

Tiene carácter, se le nota, aunque también esconde una persona fácilmente manipulable. Es celosa y reservada para sus cosas y apasionada de los animales. Sin lugar a dudas, si tuviera que decir un defecto de mi hija sería su impaciencia y mal perder. Eso muchas veces la lleva a enfadarse continuamente y no disfrutar de cada momento.

Pero, sin duda, ya sabéis que es una grande del deporte, aunque mi gran orgullo es que es una gran mujer y mejor hija.

Te quiero, mi niña linda».

Madre de Carolina.

6.
MIS COMIENZOS

Fue inesperado y accidental que dedicara mi vida al bádminton. No hay antecedentes en mi familia, nadie jugaba a ese deporte y cuando era pequeña lo que hacía era flamenco, desde bien niña. Comencé con tres años, porque además me perdían los vestidos de gitana y, por supuesto, los tacones. ¡Y dicen que se me daba bien, que tenía mucho arte bailando!

Pero qué curiosa es la vida, que luego me ha ido llevando por caminos tan diferentes. Por eso os cuento que mi aterrizaje en el bádminton fue accidental. Se cruzó en mi vida cuando yo tenía ocho años y lo que sí os puedo asegurar es que hubo ahí algo especial, una especie de flechazo, porque desde entonces no lo he dejado.

Coincidió que Laura, una vecina y amiga mía, me pidió que la acompañara a un polideportivo que había cerca de casa, el de Diego Lobato, «Venga, vente, vamos a probar. No perdemos nada. Si no nos gusta, lo dejamos y ya está». Y así empezó todo. De esta manera tan circunstancial, por la curiosidad de una amiga más que mía. Yo no tenía la menor idea de cómo se jugaba a este deporte, que era tan desconocido para mí.

Al principio, en casa, a mi madre no le hizo mucha gracia que tuviéramos que ir hasta allí, al pabellón, a las cuatro de la tarde, en plena siesta, pero probé y a la vista está que me enganché. Muchas veces he pensado qué fue lo que me llamó tanto la atención, como para acabar dedicando mi vida, toda mi vida, a este deporte. Creo que fue su peculiaridad, su rareza, la forma diferente de su raqueta. Tardé poco, si no recuerdo mal dos días, en decirles a mis padres que me quería comprar una.

Ellos eran bastante escépticos con la posibilidad de que me pudiera dedicar profesionalmente al bádminton. Creo que no pensaban que fuera buena, es más, creo que creían lo contrario, que era malilla. Ahora que ha pasado el tiempo, alguna vez lo hemos comentado y han admitido que nunca habían imaginado que llegaría tan lejos, aunque siempre les llamó la atención lo competitiva que yo era.

Me resulta extraño pensar que, si no se hubiera dado la casualidad de tener un polideportivo cerca de mi casa y que mi amiga me instara a ir, nunca me hubiera dedicado a algo que ha llenado por completo mi vida y ahora estaría haciendo otra cosa. Es curioso cómo determinados pasos, que en un momento pueden parecer intrascendentes, no lo son. Marcan tu vida para siempre, y desde muy pequeños. Si aquel día yo no hubiera comenzado a practicar bádminton, ahora mismo no tengo la menor idea de lo que estaría haciendo con mi existencia.

A veces pienso que la propia vida también se parece a un partido de bádminton, nos van apareciendo distintas opciones y nuestra cabeza o nuestro corazón las va aceptando o rechazando, elige el camino o se va de él. En un partido van apareciendo volantes en nuestro horizonte y nosotros nos encargamos de gestionarlos. Raquetazo, dejada, mate, toque suave, revés, decisiones que son las que perfilan también nuestra vida. Los triunfos y las derrotas. La calidad de tu juego. La huella que seas capaz de dejar...

A veces, actuamos de una manera que nos puede parecer casual o sin trascendencia y no nos damos cuenta de la importancia que puede acarrear en el futuro. ¿Quién sabe, quién es capaz de adivinar si, de haber seguido bailando flamenco durante todos estos años ahora sería una bailaora famosa? Nunca lo sabré en esta vida llena de sorpresas. El hecho de ir abriendo unas puertas y a la fuerza cerrando otras hace que nunca sepamos qué hubiera ocurrido de haber elegido otros caminos, pero es así. Son recorridos distintos que nunca hicimos y ya no nos pertenecen. Como tampoco tenía la menor idea aquel día de mis ocho añitos de que ir a dar mi primera clase de bádminton sería tan definitorio para mi futuro y que marcaría tantísimo mi vida.

Claro que esto empezó como un *hobby*, no es que el primer día que puse mi mano en la raqueta ya tuviera clarísimo todo, pero es verdad que con el tiempo cada vez me gustaba más y más. Y se me daba bien. Con doce años ya le dedicaba mucho tiempo, mucho más que la media y de lo que podíamos suponer como normal. Empezaba a viajar, a disputar torneos y no solamente por Andalucía, sino por el resto de España. De alguna manera, aunque todavía no era del todo consciente, la cosa se iba poniendo seria poco a poco, a pesar de que era una niña todavía.

EL CONTROL DE LA RABIA ANTE LA DERROTA

Algo dentro de mí y de mi mente de niña pensaba que me podía dedicar a esto, pero también pensaba en mi edad y en que me quedaba mucho camino por delante, tanto por recorrer, y que podía pasar que en unos años me cansara del tema y lo dejara, porque era muy sacrificado. Pero se me daba bien y lo que tenía claro que no iba a hacer era jugar para pasar el rato. Muy pronto me surgió esa ansiedad por ganar cada vez que pisaba la pista y para mí aquello no representaba una distracción de juventud, sino que cuando no conseguía salirme con la mía, cada vez que la victoria se me resistía, el cabreo era monumental. Así que opté por ir a muerte.

En esa época era mi padre el que me acompañaba a todos los sitios, mientras mi madre se quedaba en casa cuidando a mi abuela, de la que yo, sin lugar a duda, he heredado este carácter luchador que tengo. Se llamaba también Carolina. Es un círculo que se cierra. Sacó adelante a sus cuatro hijos y trabajó hasta los setenta años limpiando. No supo lo que eran las vacaciones ni los festivos. Dura y luchadora. Todo un ejemplo y una inspiración.

Empecé a destacar enseguida, le cogí el gusto y ya entonces mostraba en la pista ese carácter competitivo que me ha acompañado siempre. Odiaba perder. A cualquier cosa, es algo que me viene de siempre. Lo llevo en el ADN. De hecho, es fácil recordar que cuando era una niña pequeña y perdía al parchís con mi abuela era un drama, me generaba un enfado tremendo que me resultaba difícil de gestionar. Así que perder en un partido con una rival desconocida me destrozaba. En mi cabeza estaba jugar para ganar, lo de participar nunca me convencía ni me consolaba, todo lo que no fuera una victoria era un resultado que me perturbaba y, de hecho, en más de una ocasión, después de una derrota, me he ido a la esquina de un pabellón a hartarme a llorar. Si venía mi padre a intentar consolarme tampoco quería, le decía que necesitaba estar sola. Y así era. Es como una rabia que no soy capaz de compartir. Me supera. Me hiere. Es algo interno que después he tenido que trabajar muchísimo. Ha habido enfados y reconozco que he roto más de una raqueta. Esto es tan conocido en casa, que mi madre, de pequeña, me llamaba «la McEnroe» porque tenía muy mala leche.

Yo ni sabía quién era McEnroe. Era mi madre la que me explicaba quién era y su peculiaridad. Mi referente siempre ha sido Rafael Nadal. Me veo muy reflejada en él porque tenemos cosas similares: la actitud, el carácter, el jugar mucho con el físico. Y le admiro, por supuesto.

Aquello llegó hasta tal punto, que recuerdo una conversación con mi madre en la que me dijo que eso no podía seguir así, que sentía mucha vergüenza viendo los enfados que cogía en la pista y que no se podía permitir. Y yo ahora la entiendo. La entiendo como madre, incluso puedo entender que esa imagen que daba no le gustara, pero a mí me costaba superarlo. Dentro de mí surgía una rabia que me resultaba difícil gestionar. Sentía que no me podían ganar... Pero, ¡qué se habían creído! No podían ser mejores. Y si lo eran, tendría que entrenar, emplearme a tope, para que eso no volviera a ocurrir. Yo no se lo podía poner fácil a mi rival, tenía que sudar tinta, tenía que suponerle un esfuerzo real, tenía que ser un duelo y si era necesario para ello trabajar más horas, las trabajaba, pero perder, no. Eso era lo que no podía tolerar. Y lo sentía por las raquetas, que son siempre mis cómplices, mis herramientas, pero era lo que tenía más a mano en ese momento.

La cosa llegó a tal punto que mi madre me amenazó con prohibirme jugar, pero yo insistí en que no seguiría por ese camino y no lo volví a hacer. Con el tiempo, me he ido moderando, aunque el mal genio que tengo después de una derrota lo mantengo. En eso no he cambiado, pero he logrado, con trabajo interior, ir suavizando esa exposición pública. Digamos que ahora lo llevo por dentro, lo he trabajado y lo voy asumiendo mejor.

Era una transformación muy curiosa la que generaba la derrota en mí. Mis padres veían que era una niña muy dulce, que no decía palabrotas ni hablaba mal, pero, en cambio, observaban que cuando saltaba a la pista me transformaba.

Ahora me doy cuenta de que esa etapa, en la que la rabia de la derrota me llevaba a romper las raquetas, no era positiva para mí. No estaba gestionando bien las cosas. Me ocurrió entre los nueve y los doce años y fue tremendo. Cuando llegué a Madrid dejé de hacerlo y empecé a cuidar mis raquetas como se merecen.

Creo que esa era la parte mala del perfeccionismo, que tiene sus pros y sus contras. Algunas veces me he parado a pensar qué hubiera sido de mí si el bádminton no hubiera llegado a mi vida para llenarlo todo, pero creo que con el carácter que tengo podría haber destacado también en otro deporte. Cualquier ámbito de la vida necesita mucho trabajo para triunfar. Y el deporte no es ajeno a esto. A nadie se le regala nada. Y menos cuando se llega al más alto nivel. Quien está encabezando y liderando un deporte tiene detrás mucho sacrificio, mucho trabajo, mucho esfuerzo...

Por eso pienso que, conociéndome, si hubiera optado por la práctica de otra actividad, también habría estado muy arriba. El talento es clave vital, es el diamante que tienes que pulir, pero si no trabajas, si no tienes esa capacidad de sacrificio, de hacer más que los demás, yo creo que no tienes nada que hacer, por mucho talento que tengas.

Esa faceta la tengo bien curtida. Sé que soy trabajadora, que no hago caso a la pereza, y echo las horas que hagan falta en una cancha, no me pesan, no miro el reloj, no estoy pensando en irme para hacer otra cosa. Mi cabeza la tengo bien centrada. Si algo no me sale bien soy capaz de estar hasta el infinito y más allá, hasta que logro la perfección, me da igual el tiempo que lleve en bucle. Y así en la vida: si quieres algo, ve a por ello, peléalo. Lúchalo, las cosas no vienen a buscarte, hay que ir a por ellas, es más, la recompensa después de haberte esforzado mucho es incomparable. Así veo yo mis campeonatos y mis medallas. Como recompensas.

MIS PADRES: LOS IMPRESCINDIBLES

Quería homenajearlos a ellos, pero os podéis imaginar que después de lo que he vivido en los últimos tiempos cada palabra me cuesta. Lo cierto es que sería imposible explicar mi carrera, haber llegado hasta aquí, sin ellos. Mis padres han sabido desempeñar un papel importantísimo. Me siento muy afortunada de ser su hija y de haberlos tenido a mi lado. Nunca he oído un no de su boca que haya limitado mis sueños y siempre han tenido la generosidad de respetar todas mis decisiones e impulsarme para volar y dejarme llegar a lo más alto. Y eso es un regalo que no tiene precio.

Me han dado eso que es tan bello y no siempre se consigue, la libertad. Maravillosa libertad. La libertad para tomar las decisiones importantes en mi vida y seguir sintiéndome arropada en todo momento. He visto a lo largo de los años padres que han influido en sus hijos para mal, seguro que sin pretenderlo, pero muchas veces guiados más por sus deseos que por los del propio hijo. Por eso agradezco tanto que me dejaran hacer lo que he querido en cada momento. Es vital que cada persona, aunque sea un niño, decida la actividad o el deporte que quiere practicar. Fijaos qué pronto se decanta uno por estas cosas, en mi caso con ocho años ya tomé un camino que marcó el resto de mi vida. Por eso hay que dar alas para volar, libertad para que los talentos fluyan más allá de nuestros gustos y que sean los de las propias personas los que puedan liberarse.

Saber que cuentas con el apoyo incondicional de tus padres es un seguro de vida, te hace mucho más fuerte. Es un pilar inquebrantable que te sostiene en los momentos malos y te multiplica en los buenos. A veces vale solo con una mirada, con tres palabras por teléfono... Pero saber que el día que te llegue el batacazo, y llega, siempre llega, van a estar, no tiene comparación. Tampoco que cuando lleguen los éxitos, y te llenen de halagos y palabras bonitas, ellos van a estar ahí para que no se te vayan los pies del suelo ni por un momento. Y ese es el mejor favor que te pueden hacer. El peaje de que se te suba el éxito a la cabeza es tremendamente caro.

Creo que el momento más agrio para mis padres llegó cuando yo tenía trece años y vino el verdadero cambio en mi vida. Fui a Menorca a disputar el Campeonato de España Sub-15. Fue también la primera vez que Fernando, el que después sería mi entrenador, vino a ese torneo. A mí me habían dicho que iba a estar presente, pero no sabía para qué. Me lo presentaron como uno de los entrenadores del CAR de Madrid. Luego supe que una de sus misiones era verme jugar porque ya le habían hablado muy bien de mí. Cuando terminó el torneo, Fernando habló con el vicepresidente de la Federación Española de Bádminton, que a su vez era presidente de la Federación Andaluza, con la intención de que les comunicara a mis padres si aceptaban que yo me fuera a Madrid a prepararme en el CAR.

Nosotros vivíamos en Huelva y mis padres por aquel entonces ya estaban separados. Asumir que su única hija se iba a vivir a Madrid no era fácil. Sabían que eso iba a suponer dejar de verme durante gran parte del año. Todavía era una niña y supongo que para ellos mucho más. Ahora me doy cuenta de su generosidad. De ese gran esfuerzo emocional que tuvieron que hacer, de lo que les debió costar en ese momento y del gran cambio que supuso para la vida de los tres.

Yo estaba al otro lado. En el otro punto. Convencida de que me debía ir. De que allí estaban mis sueños y todos mis deseos, de que era una oportunidad, es más, de que era la gran oportunidad que me estaba esperando y se había presentado ante mis ojos. ¡Me estaba esperando a mí, a Carolina Marín! Era una oportunidad única para seguir avanzando en mi camino. El bádminton me esperaba. Me costó convencerlos, pero pensaron más en mí que en ellos y lo aceptaron. Gracias infinitas de nuevo, papás, y más ahora que ha pasado el tiempo.

Tampoco fue fácil para mí, a pesar de mis deseos. Una cosa era saber que aquel era el camino y otra aceptar la dura realidad. Yo era pequeña, muy familiar, y disfrutaba estando con los míos. Era lo que había hecho siempre y me sentía feliz así. Recuerdo aquella conversación con mi madre en la que me dijo que, si no me adaptaba, si no me encontraba a gusto, siempre tendría la posibilidad de volver. Si la aventura de Madrid me venía grande, Huelva me aguardaba. De alguna manera, creo que ellos pensaron que estaría de vuelta en breve porque no soportaría estar lejos de casa, pero se equivocaron.

Antes os hablaba de los caminos que uno elige, de las puertas que se abren y las que se cierran. ¿Qué hubiera sido de mi vida si mis padres se hubieran opuesto a mi marcha a Madrid? Nunca lo sabré. Me habría dedicado a otra cosa, eso está claro. Este es un ejemplo más de la importancia que tienen ciertas decisiones que son cruciales en el transcurrir de nuestra existencia. Otra opción, que todas las partes valoraban y que estaba en el horizonte, era que, en ese viaje, en esa prueba de fuego, yo me hartara a las pocas semanas, se me hiciera muy difícil aquel ritmo de exigencia y decidiera regresar, pero decidí seguir alimentando la ilusión infantil que convivía conmigo y que hacía tiempo se había convertido en mi vocación.

La fortaleza mental hizo el resto. Lo tengo claro. Fue la que me dio aliento para no hacer la maleta y volver a Huelva en los momentos de duda, de miedos, de cansancio, de soledad, que los hubo, y también en ese instante en el que te das cuenta de que tienes que dar de lado a tu juventud y entregarla, así tal cual, a lo que ya es tu profesión, el bádminton, sin tener claro lo que vas a recibir a cambio.

Así pues, en septiembre de 2007, con catorce años, me vine a la capital. Me acompañaron mis padres en el viaje. Cuando llegué a la habitación de la residencia sentí un *shock*. Era vieja, tenía una cama estrecha, un escritorio y un armario pequeños, baños y duchas comunes. Nada que ver con lo que tenía en mi casa de Huelva. Y ese era el lugar donde iba a pasar los próximos meses. Allí, lejos de mi padre y mi madre, lejos de mi confortable hogar. Sola. Hubo un punto desolador en esa llegada. Algo dentro se partía en dos. Entre la vocación y tus raíces. Entre la ilusión por esa oportunidad, la curiosidad por todo lo que tenía por aprender, por estar en aquel lugar que era mítico, y el miedo por romper con todo tu yo, tu tierra, tu casa, tus padres. Había un ánimo de sentir, o al menos de dudar, si todo aquello me vendría grande.

Mi madre me contaría después que aquel trayecto de regreso Madrid-Huelva se les hizo duro, largo y tedioso. Mi padre lloró gran parte del camino y ella más de lo mismo cuando llegó a la soledad de la casa. No fue buena la primera impresión que se llevaron de la residencia donde dejaban a su hija, ni la sensación de separarse de mí por tiempo indefinido.

Ahora los entiendo más que nunca y son un ejemplo para mí. A pesar de todo. A pesar de ese golpe emocional que los destrozaba, lo hicieron. Me dejaron libre para cumplir mi sueño. Cuando yo llegué al CAR ya soñaba a lo grande. Uno no hace un sacrificio así, con todo lo que supone, para conformarse con poco, para eso me hubiera quedado en Huelva.

Si ahora me pongo en la situación de mis padres... Me lo pensaría mil veces, pero me vería en la obligación moral de liberar a mi hijo y como me decía mi madre, «siempre tendrás la oportunidad de volver a casa». Hacer todo esto no te asegura el éxito. Hay personas que lo han hecho y no llegan, porque al final es una apuesta y cuando apuestas puedes ganar o perder. Cuantos más números tengas de la lotería más fácil es que te toque el premio gordo. Alguien dijo que Dios o el destino, según en lo que cada uno crea, nos da los dados, pero que somos nosotros los que jugamos la partida.

Puede que algunos de vosotros también hayáis dejado vuestro hogar en un momento de vuestra vida, en busca de un sueño, ya sea deportivo o profesional, y las cosas no salieran bien. Y puede que os estéis preguntando qué es lo que falló, por qué no salió como a vosotros os hubiera gustado. Creo que el camino está lleno de detalles, de dificultades y de problemas, pero no hay que desanimarse. Y, sobre todo, cada paso es un aprendizaje. De todo nos llevamos algo. Si no salió esa primera aventura igual es porque hay otra a la espera. Es como un laberinto, pero no hay que bajar los brazos. Rendirse no es una opción. Hay que seguir tomando decisiones, dando pasos y nunca, jamás, quedarse con ganas de hacer las cosas. Si hay que arrepentirse de algo que sea de haberlo hecho, aunque no haya salido del todo como esperabas, pero no de quedarte rezagado e incapaz de dar el paso al frente.

Por eso siempre animo a los jóvenes que tienen motivación a que den el salto y a que hagan el deporte que más les atraiga. Y que peleen, que luchen y que se esfuercen por conseguir lo que quieren, porque luego la satisfacción es máxima.

Muchas veces visito colegios e institutos para hablar con los chavales y darles alguna clase práctica de bádminton. Me encanta hacerlo. Siempre tengo la esperanza de que entre ellos pueda haber alguien que también haga el petate si vive fuera y repita una historia parecida a la mía.

Una de las cosas que temían mis padres era que mi pasión por el bádminton provocara que descuidara mis estudios, pero yo tampoco quería dejarlos de lado. Durante un tiempo tuve la suerte de estudiar cerca de la residencia Blume, donde nos daban ciertas facilidades a los deportistas para asistir a las clases y a la hora de examinarnos, pero lo cierto era que ya con catorce años pasaba mucho tiempo fuera de Madrid por el tema de las competiciones y conciliar una cosa con la otra no resultaba tan fácil. Me perdí muchas clases, pero no perdí comba académicamente y aprobé la ESO, el bachillerato lo repartí en cuatro años y después me saqué selectividad. A mi ritmo, todo fue en orden.

Y a partir de ahí, ya en el año 2014, me centré al cien por cien en el bádminton. En abril logré el campeonato de Europa en Kazán (Rusia) al derrotar a la danesa Anna Thea

Madsen y en agosto me proclamé en Copenhague (Dinamarca) campeona del mundo por primera vez, al vencer a la china Li Xuerui. Era como si empezaran a llegar los frutos de los esfuerzos realizados. Aparqué los estudios de manera momentánea, porque creí que me tenía que centrar en el deporte, pero lo hice con la idea de retomarlos un poco más adelante. Y así fue. En 2019 comencé un grado superior en Dietética y Nutrición aprovechando el convenio que hay entre algunas universidades y deportistas para compatibilizar estudios, ya que no podemos seguir el mismo ritmo que el resto de los estudiantes, porque viajamos y muchas veces nos pasamos fuera del centro semanas y meses seguidos.

Es curioso, pero respecto a ese rasgo del que os he hablado antes, la competitividad, que en más de una ocasión me ha traído problemas cuando no se ha resuelto bien y ha conseguido sacarme de mis casillas, he de admitiros que no me ocurre en los estudios como en el bádminton. En las clases siempre he sido mucho más pasota. He estudiado para aprobar, para sacar los cursos adelante y poco más. Sin más inquietudes. Puede que en ello influya lo difícil que es compatibilizar la vida deportiva con la estudiantil, a pesar de las facilidades que nos dan. A lo mejor el deporte es tan exigente que de alguna manera me deja exhausta. Todas las energías van destinadas ahí. Al mismo saco, al mismo objetivo.

«Es una jugadora brillante en lo que respecta a la técnica y también tácticamente. Lo ha trabajado muchísimo. Para mí tiene otra habilidad que es muy importante y es que entiende muy bien qué es lo que ocurre en la pista y qué es lo que tiene que hacer para ganar.

Pero donde ella es la mejor del mundo es en lo físico y en lo mental. Quiere tanto ganar, tiene unas ansias tan desarrolladas por el éxito que no le importan las horas que tenga que entrenar y ni emplearse a tope en cualquier tipo de entrenamiento. Ahí radica su diferencia entre ella y el resto de las jugadoras buenas.

Como persona es muy alegre y siempre tiene un comentario gracioso en el momento más inesperado. Lo curioso es que es una de las mejores jugadoras del mundo y no se le ha subido a la cabeza».

Anders Thomsen,
segundo entrenador.

7.

QUIERO SER LA MEJOR DEL MUNDO

Al poco tiempo de llegar a Madrid, de ese aterrizaje que ya os he contado, tuve una conversación con Fernando. Él quería saber exactamente qué era lo que yo deseaba, cuáles eran mis inquietudes, a lo que aspiraba; supongo que necesitaba saber en verdad qué se me pasaba por la cabeza. Y no lo dudé. Le contesté que lo tenía muy claro: «Quiero ser la mejor del mundo, la número uno, y ser campeona de Europa y del mundo y olímpica». No pensaba en pequeño, a pesar de que estaba recién llegada. Despertando.

Quizá por eso. Lo había dejado todo. Mi vida estaba en Huelva y mi único objetivo para seguir viviendo en Madrid y dejarme la piel cada día era ser la mejor en la disciplina de bádminton, que era mi especialidad. Yo no concibo las cosas a medias tintas. No me gustan, es más, me irritan, me ponen nerviosa. Voy a por todas en el deporte y en la vida, me vacío en todo aquello que emprendo y doy todo lo que tengo con el fin de conseguir lo que me he propuesto. He sido así desde bien pequeña.

Imagino que mi entrenador se tuvo que sorprender al escuchar esta respuesta en una niña de catorce años. Y recuerdo muy bien su réplica. Me dijo que para eso había que trabajar muy duro, que nadie regalaba nada y que no era consciente de todo lo que había que sudar para conseguir lo que había dicho. Pero antes de acabar, me dijo: «De todas formas, me gusta que lo tengas tan claro».

El cambio de vida de Huelva a Madrid se me hizo mucho menos duro de lo que había imaginado. Supongo que la ilusión me hizo ver más pequeños los inconvenientes. Estaba viviendo mi sueño y eso le daba a todo lo que hacía un barniz especial. Era como una niña pequeña a la que le dan un caramelo que siempre ha querido tener. No era ni una adolescente y ya vivía de forma independiente. Eso me hizo madurar a pasos agigantados y también renunciar a algunas cosas, entre otras, a una juventud normal, que por supuesto yo no tuve. No como la de la mayoría de las personas. Pero no importa, son otro tipo de vidas. Ciertos peajes que se pagan en el camino pero que, sin lugar a duda, al final compensa y reconforta.

Me ayudó mucho en ese aterrizaje de los primeros tiempos poder ir a casa una vez al mes a ver a mi familia. Eso me equilibraba del todo. Es cierto que cuando me quedaba sola en la habitación había un punto desolador. Fuera estaba bien. Todo en orden. Soy una persona extravertida, entrenaba, me empleaba a fondo, me relacionaba con la gente y me divertía. Pero la llegada a la habitación sin televisión, sin ordenador... Aunque nunca, en ningún momento, se me pasó por la cabeza abandonar mi sueño, hacer la maleta y volverme a Huelva. Al otro día recuperaba la luz, la ilusión, en el siguiente entrenamiento. Y así una jornada detrás de la otra.

Sé que no he tenido una adolescencia normal, pero aun así me siento afortunada. He vivido cosas increíbles y sobre todo he podido elegir hacer lo que deseaba. Y eso son palabras mayores. Hay muchas personas que tienen que trabajar en actividades que no les gustan para ganar dinero, para mantenerse, pagar sus facturas, la hipoteca de su casa. Mi padre, por ejemplo, no estudió y ya os he contado que trabajaba como repartidor de material de papelería. En cambio, yo tengo la suerte de jugar al bádminton, que es lo que me apasiona, y encima vivo de ello, más no puedo pedir. Si el precio es no haber vivido una adolescencia al uso, bienvenido sea. Lo doy por bueno. Mi vida la he elegido yo y eso es un privilegio que no todo el mundo tiene a su alcance. Apenas he podido oler lo que es salir de juerga y hacer muchas de esas cosas que son propias de mi edad; en cambio, llevo una vida dura y sacrificada, entreno mucho, me machaco y todo ello apenas me deja tiempo libre. El bádminton ocupa gran parte de mi día y de mi vida.

El salto de niña a mujer lo he dado en el CAR. Llegué con catorce años, como decía más arriba, y allí ocurrió todo. Todos los cambios hasta convertirme en la persona que soy.

Puede que también hoy, a mis veintisiete, sea una mujer distinta a las chicas de mi edad. Es probable que siga teniendo otras ideas en la cabeza, porque cada uno somos fruto de lo que vivimos, de lo que nos exige cada día y de nuestras prioridades. Irme de casa con tan pocos años me hizo madurar a la fuerza. No había otra alternativa.

A veces me gusta darle vueltas a la cabeza, intentar rebobinar en el tiempo, hacer un imposible y pensar qué hubiera pasado. ¿Dónde estaría yo ahora si hubiera declinado la oferta de Madrid y me hubiera quedado en mi Huelva natal? Como es lógico nunca lo sabré, supongo que sería otra Carolina, porque me habría criado en circunstancias totalmente distintas. Lo que sí me cuesta es situarme dónde estaría yo sin el bádminton en mi vida. Ahí no me encuentro.

Por eso, cuando pienso en aquella primera conversación seria con Fernando, nada más llegar a Madrid, tan niña, tan verde, cuando había tantas cosas por llegar, me emociono... ¡Es increíble! Pero aquellas cosas, que eran casi sueños imposibles de una niña ilusionada y con el corazón dividido por haberse separado de sus padres y tenerlos lejos, se están cumpliendo. Y es un verdadero milagro. Casi una locura.

Cuestión de carácter. ¿Que cómo soy?

Hay ciertos aspectos que he ido limando con el tiempo, pero otros siguen a flor de piel. Sigo, a mis veintisiete, siendo puro impulso. Impulsiva a tope. Si tengo algo en mente voy a por ello. Me empleo sin medida, sin ver dónde está el límite, porque es posible que ni tan siquiera me interese saber dónde está. No me importa lo que diga la gente, lo que opinen. Aunque en ocasiones me paro y me digo: «Eh, Caro, que no es el momento».

Creo mucho en lo que hago. Si no tengo seguridad en mí misma nadie la va a tener. Por mucho que mi entrenador me diga que voy a ser campeona olímpica o la mejor del mundo, si yo no creo en mí no voy a ningún lado. Nunca llegaré a serlo.

Es muy importante tener esa fuerza interior que te impulse para llegar arriba. Estar convencida de lo que haces. Si esto no ocurre, es muy difícil conseguirlo. Hay que tener las ideas claras. Quiero esto, esto y esto. Y para ello, necesito esto, esto y esto. Esta es la mejor manera de lograr los objetivos que una desea.

Fernando siempre me dice que los títulos son muy bonitos, pero que lo importante es el trabajo. Las medallas son lo que el noventa y cinco por ciento de las personas ven. La de oro es muy bonita, la plata, bueno, y el bronce ya... Y si no tienes medalla es que eres mala. Nadie se hace una idea de lo que se sufre para llegar hasta ahí. Ni tan siquiera mis padres, solo mi equipo, que es el que me ve sufrir, y mis compañeros. El resto no son conscientes.

Mi madre vino el año pasado, el día 24 de diciembre, para pasar la Nochebuena en el CAR de Sierra Nevada. Solo vio un ratito de un entrenamiento. Estaba preparándome en una cámara hiperbárica a un 95 % de humedad. En Sierra Nevada estamos a 3700 metros. En esa cámara estaba con una bicicleta y una mascarilla de hipoxia. En total la sensación es de estar a 7000 metros. Estaba haciendo cambios de ritmo en la bici, mi madre vino, me miró y a los cinco segundos me dio la espalda. No me quería ni ver y, por supuesto, no le cuento nada más de las muchas cosas que hago. Por eso, cuando gano una medalla siempre destaco lo que hay detrás. Es lo que importa de verdad.

La admiración por Nadal

Me fijo mucho en Rafa Nadal. Es el dios. Cuando hace unos años tuvo problemas, mucha gente le quería retirar y desconocía todos los condicionantes anímicos que puede tener alrededor un deportista. Es muy fácil criticar, pero antes hay que analizar las razones de los bajones en el juego. Es un orgullo que Rafa Nadal sea un deportista español. De verdad lo creo. Es todo un referente para los que nos dedicamos al deporte y para los que no. Y nada es gratuito ni fortuito. Detrás del espectacular palmarés de Nadal hay mucho trabajo. Eso es lo más importante para llegar arriba. Trabajar duro. Sin ello, te quedas en la estacada.

Desde que era pequeñita veía los partidos de Nadal. Crecí con él. Cuando coincido con Rafa en algún acto y hablamos me sigo poniendo nerviosa. Es mi ídolo. Y eso me gusta, que haya personas a las que siga admirando y me inquieten.

Me veo reflejada en él en muchas de sus características. Los dos somos jugadores muy físicos. Tenemos esa garra competitiva que nos hace ganar muchos partidos que están pendientes de pequeños detalles. ¡Y los dos gritamos mucho en la pista!

Me impone que me digan que soy la Nadal del bádminton porque es el mejor deportista de España. Lo ha ganado todo. Con las lesiones que ha sufrido y la edad que tiene sigue compitiendo a un alto nivel y continúa ganando. Yo no le llego ni a los pies. Es una admiración profunda la que le tengo y es de siempre.

Ojalá el bádminton tuviera la misma repercusión mediática y de seguidores que el tenis. Tal vez con mis triunfos se pueda reducir la diferencia. Hay que tener en cuenta que en el tenis siempre ha habido muy buenos jugadores españoles, tanto en el cuadro masculino como en el femenino. En bádminton nunca ha pasado eso y ahora solo estoy yo. Me da pena, me encantaría que tuviera más repercusión, es un deporte fascinante y creo que cuando te acercas a él te atrapa, pero hasta ahora, por las razones que sea, ha sido menos mediático en este país. Ya os contaba, cuando os he relatado el día que me lesioné, que en otros países se vive con absoluta pasión y reconozco que eso me genera una envidia profunda. No lo puedo evitar. ¿Quién sabe? Igual con el tiempo logramos enganchar a más gente y que sea más conocido. Son modas y los tiempos van cambiando.

Pau Gasol, un grande entre los grandes

Pau Gasol es un grande entre los grandes y, sin lugar a dudas, es otro de mis referentes. Valoro muchas cosas de él como deportista y más aún de cómo es como persona. Los valores que es capaz de transmitir y las cosas que lleva a cabo. Me encanta lo que hace a través de su fundación, en la que ayuda a niños hospitalizados a combatir la obesidad infantil y que promociona el deporte y la actividad física. Tanto Rafa como Pau han tenido éxitos deportivos increíbles, son dos números uno en lo suyo, pero lo alucinante es que son todavía más potentes a nivel personal. Y eso hace que la admiración hacia ellos sea infinita.

Pau es capaz de mostrar siempre esa parte noble. Hemos coincidido en algún torneo y en la villa olímpica, en los Juegos. Es extravertido y cercano. Solo se me ocurren buenas palabras cuando pienso en él.

Creo que los deportistas de referencia tenemos un compromiso que no debe acabar en el deporte y es clave cómo seas tú como persona. Por muchos títulos o dinero que tengas, si no eres buena, abierta con los demás, sencilla…, todos esos éxitos deportivos no valen para nada.

No se me olvida de dónde vengo, lo tengo muy claro. Mi familia es humilde y soy lo que todo el mundo puede ver. Detesto la falsedad y apuesto por la transparencia, para lo bueno y lo malo. Eso hace que cuando entro en un pabellón mi equipo ya sepa si estoy bien, mal, preocupada, mosqueada…

Lo de fingir no va conmigo. Vengo de una ciudad pequeña como es Huelva, de una familia muy normal, de unos padres que han tenido que currárselo mucho para sacar a su única hija adelante y eso a mí no se me olvida. Es más, creo que no lo debo olvidar.

LA IMPORTANCIA DE MI EQUIPO

Si lo vemos desde fuera, si no entramos a valorar de verdad, diríamos que el bádminton es un deporte individual, y no lo es. Quizá, en mi caso, yo sea la imagen pública, lo que la gente ve. La cara del éxito o la derrota, pero qué va. Yo soy la punta del iceberg. Detrás hay un equipo clave que mantiene todo en pie y no tengo la menor duda de que sin esas personas no habría llegado adonde he llegado. Habría sido imposible. Cada uno ha puesto su granito de arena para poder ir construyendo el camino. El nuestro, ajustándonos a las necesidades del momento. Ellos son mi apoyo cuando las cosas no salen bien y cuando te dedicas al deporte de alto nivel os aseguro que vives expuesta a que en algún momento no salgan bien. He aprendido a refugiarme en ellos cuando las cosas no han salido como yo tenía planeado, como tenía previsto... Es fundamental sentir, tener la seguridad de que vas a levantar la cabeza y sabes perfectamente dónde están las personas que necesitas y que van a estar dispuestas.

En los momentos buenos, en esos en los que todo viene de cara, en que parece que lo que se toca se vuelve oro, es fácil formar parte del equipo, pero la verdadera cohesión del grupo se ve en las derrotas. Si hay grietas aparecen ahí, porque es cuando el equipo tiene que estar unido y no se permiten fisuras ni titubeos.

¿Cuántas personas diríais que trabajan conmigo? ¿Dos, tres, cuatro?

Os voy a ir contando. A muchos de ellos ya los he mencionado anteriormente. Tengo tres entrenadores, el principal, Fernando Rivas; el segundo, Anders Thomsen, danés, en el CAR, y Ernesto García, que a veces también viaja conmigo.

Además, forman parte de mi equipo el preparador físico, Guillermo Sánchez; y dos fisios, Diego y Carlos, que además me acompañan en mis viajes.

También cuento con una psicóloga deportiva, María Martínez, y una psicoanalista, Fanny Barembaum. Un mánager y representante, Ignacio García, y un jefe de prensa, Ignacio Paramio. Y otras muchas personas que, a lo largo de los años, han ido pasando por mi lado y me han ido aportando cosas por el camino.

Venga, va, vamos a darle a las matemáticas y así nos salen un total de once personas que forman el equipo. Del trabajo de todos depende que las cosas salgan bien y, por supuesto, nuestro crecimiento. ¿Me entendéis ahora cuando os digo que el bádminton no es un deporte individual? Detrás hay mucha gente anónima que pone su granito de arena para que todo salga adelante. En este caso, cada uno sabe cuál es su papel y yo soy el centro del equipo. Digamos que es algo así como el eje alrededor del que todo gira.

En verdad es una cadena en la que todos necesitamos del eslabón anterior o del siguiente y todos tenemos muy claro cuál es nuestra tarea en el engranaje del grupo. Es algo muy curioso, pero creo que lo sientes de verdad cuando alguna vez en tu vida has tenido un buen equipo.

En este caso se cumple aquello de que una cadena es tan fuerte como su eslabón más débil. Si cualquiera de nosotros no da lo que el equipo necesita, el trabajo se resquebraja. Los objetivos se tambalean. Hace falta mucha fortaleza en cada miembro e interiormente todos los sabemos, por eso juntos somos mucho más potentes que en nuestra individualidad.

Nos exigimos en todo, por supuesto en cumplir nuestra parte del trato, porque sabemos que si alguno fallamos puede provocar que arrastremos al resto del equipo al fracaso. Y ese peso es muy desagradable y nadie que esté comprometido con los demás lo quiere soportar. Es importante dejar aparte la amistad y que prime la profesionalidad y saber diferenciar dónde están los objetivos, dónde somos compañeros y dónde puede haber una amistad.

Es importante trabajar con personas con las que te sientes a gusto, pero ¿sabéis que es para mí fundamental?: confiar en alguien que quiere lo mismo que yo. Eso me une muchísimo y me da fuerza. Son esas personas que me ayudan a ser una campeona en el deporte, pero también a ser mejor persona, de ahí que, cuando entra alguien nuevo, hablamos con él para explicarle nuestra filosofía, nuestro comportamiento, los objetivos, la mentalidad, la forma de trabajar. En definitiva, lo que es el EQUIPO, en mayúsculas.

Cuando me rompí la rodilla, mi equipo cerró filas. Fuimos todos a una en busca de una pronta recuperación y de un retorno a la senda del éxito. Los once nos transformamos en uno. Todos queríamos lo mismo y no íbamos a desfallecer para conseguirlo. Y así fue. Un día detrás de otro. Un paso detrás de otro. Un avance mínimo nos parecía un mundo conquistado y poco a poco recuperamos ese trono del que una lesión fue capaz de retirarme de un plumazo, mientras me negaba a creerlo. Sentí lo mismo cuando ocurrió lo de mi padre.

No tengo dudas de que tengo el mejor equipo del mundo. Fernando es el líder, por así decirlo, y yo la ejecutora, la que está en la pista. Estamos empujados por el resto del equipo, porque todas las piezas son clave. Cuando Fernando y yo estamos conectados y motivados creo que somos invencibles a un noventa y nueve por ciento.

LAS CELEBRACIONES

Muchas veces me preguntan cómo celebro los triunfos, supongo que esta parte despierta curiosidad de alguna manera. A pesar de trabajar con once personas en el equipo, yo nunca he celebrado los títulos como lo hacen en los deportes colectivos. He ganado torneos y apenas he hecho algo distinto. Es algo así como si integrara esos triunfos dentro de una aparente normalidad que me llena de felicidad, pero a la vez la cabeza está ya casi pensando en la siguiente meta, en el siguiente objetivo que vamos a perseguir. Pasa todo demasiado deprisa, de eso sí que me doy cuenta.

Muchas veces pienso en esas celebraciones que hicieron los jugadores de fútbol o de baloncesto, por poner un ejemplo, cuando ganaron un mundial, y claro, no tiene nada que ver con lo que puedo hacer yo después de una victoria. Son dos mundos paralelos. Ellos llegan al vestuario con la euforia en la cresta de la ola y ya los están esperando muchas personas para festejar. Es una exaltación de emociones continuada: bailan, cantan, se abrazan, lloran, ríen, comparten, es una auténtica pasada.

Yo llego al vestuario y estoy casi sola. Son dos maneras distintas de experimentar la vida deportiva. Antes viajaba únicamente con mi entrenador. En 2016 empezó a acompañarme un fisio. Así que con estas diferencias que marca el propio deporte al que te dediques hace que las victorias las haya «celebrado» como mucho cenando con mi entrenador, pero nada especial, más bien como una parte rutinaria de los viajes, de lo que nos toca hacer o donde tenemos que estar, pero, eso sí, con la satisfacción de ir consiguiendo lo que te propones en el camino.

A veces se me hace duro, porque cuando logras una victoria que es muy sufrida, muy deseada, porque sé que me ha costado mucho llegar hasta ahí y que tiene una importancia tremenda para mí, pues la verdad es que me encantaría poder celebrarlo con todas aquellas personas que están siempre apoyándome y que sé que me quieren. En definitiva, poder compartir la alegría mayúscula que supone, al menos para mí, ganar.

Me acuerdo de que hubo una excepción y fue en el Mundial que gané en 2018, que lo pude celebrar con mis tres entrenadores, el fisio y un compañero que perdió en primera ronda pero se quedó todo el torneo. Fue un momento feliz. De hecho, durante los meses que estaba lesionada e intentaba remontar el vuelo de nuevo, me venían a la cabeza esos momentos y se me ponían los pelos de punta. Conseguía volver a emocionarme en la distancia.

Ya os he contado que una de las cosas buenas que me ha dejado la lesión es ser capaz de valorar mucho más las cosas. Durante esos meses me acuerdo de que a veces me acercaba a los compañeros que estaban entrenando dentro de la normalidad, esa normalidad en la que yo había vivido durante años, quizá sin valorarla, y les decía la suerte que tenían por poder entrenar bien, sin lesiones que les obligaran a empezar de cero. Aún recuerdo esa sensación de estar con la rodilla hecha polvo y añorar el poder saltar, correr por la pista, golpear un volante como si nada hubiera pasado.

Desde entonces, he decidido instalarme en el presente, en el día a día. Sin dar por hecho que la rutina, que las cosas salgan bien, que la vida ruede, sea la normalidad. Aquel día me levanté, lo peleé y luché hasta el infinito. Hoy intento aprovechar cada segundo siendo agradecida por todo lo que tengo y desde luego que me refiero a las pequeñas cosas que son las que mueven el mundo.

«Aún recuerdo el día que se fue a la residencia Blume. Llegó con una maleta cargada de ilusiones e incertidumbres por saber qué le depararía el futuro a aquella niña, que con el tiempo se ha convertido en toda una mujer ejemplo de lucha y superación.

Desde pequeña soñó muy alto y lo ha logrado, ha llegado a la cima con mucho esfuerzo. Los títulos no la han cambiado, sigue siendo la misma persona de siempre: sonriente, cercana, cariñosa y familiar».

Rocío INFANTE,
prima de Carolina

8.

HE VENIDO A GANAR LA MEDALLA DE ORO

Ya sabéis que a lo largo de los años y de mi vida deportiva he tenido que trabajar la exigencia a la que me someto para que tenga tintes positivos y no se convierta en algo malo, que la presión no me venza y me lo haga pagar.

Así que ahora me preocupo por controlarla para sacar todo el partido que puedo, porque soy muy consciente de que es un arma de doble filo. Si no me salen las cosas como yo quiero puedo entrar en depresión y ya no es solo que eso me moleste mucho, que también, sino que se puede llegar a convertir en un problema mayor. Llegar a odiar lo que haces es muy duro, por eso hay que tener mucho cuidado con el lugar donde se pone el listón del éxito y saber fijar muy bien tus objetivos. Creo que esa es una gran clave que he aprendido solo con el paso del tiempo que, sin duda, es el que te hace más sabia.

También es cierto que si se quiere conseguir algo en la vida o en el deporte hay que saber exigirse. Si no, las ilusiones se quedan en eso, en ilusiones. Yo necesito tener un nivel de exigencia alto porque, en caso contrario, no me motivo, me da igual, no doy mi cien por cien, y si no es así, os aseguro que las cosas no salen. Cuando os digo que hay que saber qué tipo de objetivos te planteas tampoco quiero decir que esos sean de alcance sencillo, porque podría ser un camino fácil, pero también engañoso. ¿Los conseguiría? Seguramente sí, pero no creo que fuera capaz de engañarme por mucho tiempo. A veces, me he planteado metas que parecían poco realistas, de hecho, más bien inalcanzables, y gracias a tenerlas en mente las he logrado.

Y no hay que hacer caso a los que te dicen que estás loca por aspirar a esas cosas que, en principio, son irrealizables. Ahí hay que sacar la coraza y protegerse contra esos aguafiestas. Quien mejor sabe lo que puede dar de sí es una misma.

La suerte que tengo es que no sufro una presión mediática como la que tiene, por ejemplo, Rafa Nadal. En mi caso soy yo misma la que se exige, la que me autoimpongo la presión por ganar una y otra vez, porque va conmigo, en mi personalidad, siempre fue así, yo canalizo la energía, la trabajo, sé adónde quiero llegar y me esfuerzo a tope para ello.

Recuerdo que en la rueda de prensa que hicimos previa a los Juegos Olímpicos de Río de Janeiro yo fui la única que dijo que iba a por la medalla de oro. Lo tenía tan claro, os diría que entre ceja y ceja, como una obsesión. Y lo logré. También os digo que esa vez las cosas salieron bien y estaba feliz de la vida. Si no lo hubiera conseguido, hubiera sido un palo y me hubiera costado asumirlo; aunque voy aprendiendo, las derrotas y yo nunca fuimos buenas amigas.

No lo dije por amedrentar a las rivales en ese momento, sino por mí: al hacerlo estaba proyectando mis sueños, aquello por lo que me había preparado concienzudamente y para lo que había ido hasta allí: ganar. Lo tenía muy claro. Y así lo dije. Lo pude cumplir, y esa fue la mejor parte.

Confiar en ti es llevar mucho ganado y cuando confías eres capaz de verbalizar como yo hice esa seguridad en tu victoria. Bien sabía cómo había trabajado para preparar esos Juegos. Llevaba mucho tiempo focalizada en ellos y eso que había gente que me decía que mi objetivo de medalla debía estar cuatro años más tarde, en los de Tokio.

¿Y por qué debo esperar cuatro años si lo puedo conseguir ya? Las oportunidades hay que aprovecharlas y ahí tenía una que me estaba esperando. Y así fue. Me adelanté al calendario previsto.

Tengo la ventaja de que hablo bastante con mi entrenador y muchas veces él me frena y me advierte de lo difícil que es conseguir muchas de las cosas que pretendo. Me recuerda que todo éxito viene precedido de un enorme trabajo que hay que hacer y que nadie me va a regalar nada, que me lo tengo que currar yo.

Gracias a esa actitud formamos un buen dúo. Nos complementamos muy bien. Los dos perseguimos lo mismo: ganar. El mismo objetivo que tenía desde que era pequeña y que ya compartí con él el primer día. Nos conocemos perfectamente.

LOS GRITOS

Gritar mientras juego se ha convertido ya en algo que me identifica. Es una de mis características: soy muy gritona en la pista. Según me cueste el punto chillo más o menos. Supongo que es también una manera de intimidar al rival, pero me sirve para desahogarme y soltar la tensión que llevo acumulada sobre la cancha en ese momento. Es como una descarga.

En la pista, durante el partido, hay mucho de estrategia y psicología. Es vital para ser capaz de derrotar al rival. Creo que uno de los mejores ejemplos de la lucha mental fue la semifinal de los Juegos de Río. Mi contrincante era la china Li Xuerui, la campeona en el anterior torneo olímpico de Londres en 2012 y a la que yo había derrotado en la final del Mundial de Copenhague en 2014. En la semifinal, como es lógico, ella partía como favorita, ya que era la vigente campeona olímpica. Os podéis imaginar que el ambiente ya antes de empezar estaba caldeado. Recuerdo que llegué a esa final del Mundial físicamente reventada, porque casi todos los partidos que yo había disputado habían sido de tres sets y muy largos y, en cambio, los de ella habían sido de dos sets y mucho más cortos.

Cuando llegó el momento de la semifinal de Río, Fernando habló conmigo unas horas antes y me dijo: «Caro, este partido es psicológico, tenemos estrategia y plan de juego, pero sobre todo es de cabeza. Tienes que recordarle que ella es la campeona olímpica y es la favorita y la que defiende la medalla de oro». Y no sabéis cómo me sirvieron sus palabras. Definieron la estrategia posterior en la pista. La tensión emocional que se desarrolló.

Me acuerdo de cómo miraba a la china en la pista, de los gestos que hacía. Todavía hoy se me pone la piel de gallina al recordarlo. Creo que mi agresividad en la mirada le trasladaba de inmediato que iba a tener que sufrir cada punto para llegar a eso que *a priori,* le pertenecía, que era la medalla de oro, ya que era la favorita. No lo iba a tener fácil, porque pensaba morder en cada punto. Me dediqué a observarla fijamente de manera intimidatoria. Cuando acababa un punto analizaba cómo lo terminaba ella. Estaba muy pendiente de los detalles, porque todo lo que pasa durante un partido es contenido de valor, suma y da pistas que pueden darte una victoria, si tienes la destreza suficiente para saber gestionar la información.

Todo esto fue la clave del partido. La saqué de la pista. Conocía la estrategia que tenía que llevar a cabo para derrotarla. Lo más importante fue el aspecto psicológico, en gran parte fue la clave de mi victoria y de su derrota. Ese trabajo mental para desanimar a la rival no siempre sale, pero sé cómo hacerlo. También sé cómo enfrentarme a ello si me lo hacen a mí. Lo he trabajado en las dos direcciones, porque así ocurre.

Es muy importante que las rivales vean que no te rindes, que peleas todos los puntos hasta el final. Eso les hace ponerse nerviosas. Sobre todo, en este deporte capitalizado por las jugadoras asiáticas, que todavía se asombran de que una española les discuta el cetro mundial. Cuando tu rival siente que va a ser muy complicado, eso le mina mucho la moral, y hay que ser fuerte y estar muy preparado para aguantar ese envite. Es un duelo para el que no todo el mundo está preparado.

Así que yo fui a ese partido con todas las papeletas para que me vapuleara, remonté y gané: conseguí el título.

El manejo del éxito

Viajo muchísimo. Vivo siempre de aquí para allá, pero me siento muy afortunada porque vengo de una familia muy humilde, de clase media baja y de una ciudad pequeña. Hemos vivido con lo básico. Todo lo que he conseguido después no me hace ser diferente a mi familia en nada. Vuelvo a Huelva, mi casa, y soy una más. La de siempre. De hecho, me reconforta poder volver al hogar de vez en cuando, la llamada de las raíces...

Hay una cosa que tengo muy clara: no me creo la mejor persona del mundo por haber ganado un Mundial o unos Juegos Olímpicos. Es lógico que mi madre se deshaga en elogios hacia mí con la gente cercana, pero a mí no me gusta que me ensalce tanto. La entiendo, es ese eterno amor de madre que dicen que solo entiendes cuando lo sientes, pero lo cierto es que quiero que me traten como Caro, una más, no como la campeonísima del bádminton.

Influye mucho de dónde vienes. Tener unos buenos cimientos es lo que te hace sentir los pies en el suelo, justo en ese momento en el que podrías perder el norte, y eso es lo más importante. Que no afecte negativamente a tu comportamiento o a tu actitud lo que has conseguido, por muy grande que sea. Para conseguir eso están las personas de siempre, los referentes desde que eres niña, los que te recuerdan quién eres y no lo que has conseguido, porque, además, el éxito es efímero. Es clave no apartarse de ese camino de normalidad y sencillez. Amarrarte a tu gente de siempre, que son los que no te fallan nunca.

Es fundamental no perder el contacto con la realidad, con la cotidianeidad de la gente. Personas normales, que no son famosas, que hacen su trabajo, y en las que me miro continuamente para percibir cómo debo comportarme. No me gustan estas estrellas que en el momento en que logran un triunfo ya se creen que están tocando el cielo. No me valen para nada. No se dan cuenta de que si quieres seguir consiguiendo victorias y piensas que estás en lo más alto lo más seguro es que no continúes ganando.

Sigo teniendo contacto con la gente de Huelva. Lo malo es que no voy mucho y, cuando lo hago, estoy poco tiempo, así que prácticamente me limito a estar con mi familia, aunque las redes sociales me permiten seguir la relación con amigos de allí.

A pesar de que ha pasado mucho tiempo desde que dejé Huelva para iniciar mi sueño y me fui a vivir a Madrid, echo de menos mi ciudad. Era una niña cuando me fui, pero la sigo llevando en el corazón. La tierra es algo que te marca, es muy curioso. Puedes estar al otro lado del planeta y de pronto el menor detalle te devuelve a tus raíces y es lo que te entronca con tu familia, con los recuerdos de tu niñez... Intento regresar siempre que puedo, lo disfruto, supone hacer un paréntesis en esta vida loca y tomar contacto con los de siempre.

Hay una parte de la que se habla poco, pero está ahí. Si os digo que es importante que no se te suba el éxito a la cabeza, también hay que saber identificar a todas esas personas que se te acercan por lo que has conseguido, al calor del éxito o por tu reconocimiento público, no por quien de verdad eres. Es importante tener cerca personas que, si tú no te das cuenta, te den un toque. El éxito es efímero, soy consciente, lo sé. Es fácil percatarte de ello si miras a tu alrededor. Hoy puedes estar en lo más alto y mañana caes de manera irremediable. Lo vi claro con la lesión de rodilla. Todo lo que tienes y crees que tienes bajo control puede desaparecer bajo tus pies sin apenas darte cuenta. Puede llegar un momento, y quién sabe si antes de lo que tú tienes previsto, en que no puedas disputar los campeonatos que en este momento mueven tu mundo. Y puede deberse a muchas circunstancias, bien porque se te acaben las opciones de ganarlos, por las secuelas de una lesión anterior, o por una etapa de falta de motivación muy aguda y que se extienda en el tiempo, por debilidad mental, porque haya mejores jugadoras... Así que no hay que creerse especial por conseguir medallas o títulos. Todo esto corresponde al ámbito profesional y está fenomenal, pero hay que cuidar también lo que sabes que queda fuera de la pista y que va a ser lo que quede después, que eres tú misma, tu propia persona.

«Ay mi Caro, mi nieta. Siento mucha alegría cada vez que la veo por la tele jugar un partido y ganar y, sobre todo, cuando viene a verme. Es muy cariñosa y a la vez tiene mucho genio, que es lo que le hace tener esos triunfos, y como diría su abuelo, mi marido que en paz descanse, esa es la cosa.

Te quiero muchísimo, Caro».

María PÉREZ INFANTE.

9.

El trabajo, más importante que el talento

S e habla mucho del talento, pero en mi caso no creo que sea una chica talentosa, más bien creo que he conseguido todo a fuerza de currármelo mucho. Siento que hay mucho esfuerzo detrás de cada logro. Y me parece que ahí está la gran diferencia con las jugadoras chinas de bádminton. Ellas nacen ya con la raqueta en la mano. Yo no. Lo mío fue una casualidad. Para llegar a ese equilibrio he tenido que trabajar muchísimo y al final lo que he aprendido es que la palabra mágica se llama: «trabajo».

El 98 % de mi éxito se debe a él y el resto, al talento. Algo de esto debes tener porque, si no, no ganarías, pero en mi caso es un porcentaje mínimo y esto en el fondo me parece una lectura muy alentadora para los demás. Si te esfuerzas y desarrollas esa capacidad de entregarte al límite eres capaz de conseguir muchas cosas, incluso algunas de esas por las que el resto del planeta te tildará de loca al decir que las quieres. ¡Mejor sabe cuando las consigues!

En el deporte y en la vida es el trabajo el que te hace ser diferente a los demás. Alguna vez puedes tener suerte y conseguir algo sin esforzarte mucho, pero eso será siempre una excepción, un verdadero golpe de suerte. Los triunfos solo se consiguen a base de trabajo, trabajo y trabajo. Sin descanso. Sin tregua. La constancia será siempre tu mejor aliada cuando quieras conseguir algo. Lo que sea. Recuérdalo.

No hay que confiar todo al talento porque entonces no tienes nada que hacer. Solo con talento no se llega a ninguna parte. Ha de venir acompañado, en dosis muy altas, de trabajo.

Mi personalidad de currante viene por el carácter de mi madre o por mi abuela, que ha sido muy luchadora para criar a cuatro hijos, ya os lo he contado. A veces, veo jugar a compañeros que lo hacen muy bien, pero no llegan a lo más alto porque no se lo creen. Les falta sangre. También vas aprendiendo en el camino. Me acuerdo de que cuando comenzaba en el bádminton y veía que me tocaba enfrentarme a una jugadora china ya salía derrotada. Luego fui ganando seguridad, partidos y torneos.

Tuve que ser capaz de superar esa etiqueta que era tan imponente, que era la que tenían las chinas, las tailandesas. Conseguí ganar confianza en mí y normalizarlas a ellas. Pensar que era capaz de ganar a cualquiera, pero os reconozco que llegar a este punto no fue trabajo de un día.

Costó, costó mucho tiempo y más derrotas de las que me hubiera gustado.

Cuando era júnior recuerdo que jugué mejor un campeonato con gente mayor que el que por edad me correspondía. En el júnior logré un bronce, hice un torneo malo, porque competí con presión al pensar que tenía que ganar a todas, sin embargo, cuando participé con las mayores me picaba porque me sentía inferior y competía mejor. No me gustaba que me considerasen inferior a mi rival antes de empezar el partido. Y ante ello me rebelo.

Si al principio era yo la que temía enfrentarme con una asiática, creo que he conseguido con el tiempo dar la vuelta a la historia y que ellas teman enfrentarse conmigo. He dado la vuelta a la situación y he despertado al otro lado de la pista la sensación de alerta constante.

Sabía que la única forma de ganarles era trabajando más que ellas. Por talento soy inferior a la mayoría de las contrincantes con las que disputo los campeonatos. En la mayoría de los casos juegan al bádminton casi desde el mismo día que nacen y no es sencillo equipararse con eso. Equiparar ese desfase solo es posible con altas dosis de trabajo y lo que siempre he tenido claro es que no me importa entrenar muchas horas. Ahí no veo límite, para ello vivo casi en exclusiva, para el bádminton. Ahora soy un bicho raro que se ha metido en el mundo del bádminton, que monopolizaban hasta hace bien poco las asiáticas.

Un entrenador chino me comentó una vez que a los jugadores de su país les exigen mucho desde que son muy pequeños, pero el problema llega a los veinticinco años, porque están reventados de tanta disciplina y mentalmente no pueden aguantar ese ritmo durante tanto tiempo.

Los objetivos de cada temporada los tenemos claros desde el principio. Nos reunimos, vemos los torneos que hay y planificamos cómo va a ser el año. Después, me baso en esos objetivos, que suelen ser muy exigentes; si no lo hiciera así, perdería la ilusión, porque el año se hace largo y duro. No resulta fácil mantenerse ahí día tras día.

Durante la lesión, mi meta era recuperarme al cien por cien, como si nada de aquello hubiera ocurrido. Si no hubiera pensado que podía volver a ganar como antes de la rotura, no me habría estado machacando al cien por cien todos los días. Es mi mentalidad, me ocurre todos los días que afronto un torneo: en mi cabeza está ser la campeona. No siempre lo consigo, pero no concibo salir a una pista sin mentalidad ganadora.

Hubo un Mundial, que fue el de Copenhague de 2014, que marcó sin duda un punto de inflexión en mi carrera. Fue cuando fui capaz de dar el salto definitivo, primero dentro de mí y después a mi carrera. Así funciona. Conseguí el campeonato y me convencí de que podía llegar muy alto. A partir de ese momento, mi nivel de exigencia empezó a escalar de forma exagerada. Y, por supuesto, mi inconformismo también. Por eso he conseguido tantas cosas.

Ahora, tengo los Juegos de Tokio en la cabeza y, cuando hablo de Tokio, hablo del oro, no concibo otro pensamiento, no lo quiero y lo deseo con tal fuerza que se me saltan las lágrimas solo de pensarlo.

Volviendo a los Juegos de Río, recuerdo que el día de la final no conseguí dormir casi nada. Os diría que como mucho logré conciliar el sueño tres o cuatro horas, no más. Solo deseaba que llegara el momento del partido, jugar y que pasara lo que fuera, pero ansiaba ya el desenlace. Me pasa siempre: en los partidos decisivos me cuesta mucho dormir. Lo intento, pero no puedo, me agobio, no descanso y sé que lo necesito, con lo cual el bucle en el que me meto es malísimo y las noches se me hacen eternas sabiendo que el tiempo juega en mi contra, porque si no duermo voy a estar cansada y eso se me va a notar en la pista. Pero hasta esto, hasta controlar el sueño la noche antes, pasa por el trabajo.

ODIO EL JUEGO SUCIO

La vida y el juego deben estar marcados por los valores. No vale todo. Y en la cancha tengo muy definidos los míos y odio el juego sucio. No me gustan las rivales que discuten con el árbitro y que buscan la polémica para desesperar a la contraria.

Yo tengo mis estrategias dentro de la pista, pero eso lo detesto. Algunas jugadoras se dedican a perder tiempo entre los puntos para cortarme el ritmo o llaman al médico porque me conocen y saben que eso me molesta mucho. Y eso que también he aprendido, lo he entrenado y me he preparado para saber cuáles son sus tácticas y ya no permito que me afecten; antes me mosqueaba bastante porque lo hacían para romperme la buena racha, para estropear el ritmo bueno.

En determinadas situaciones he llegado a utilizarlo yo. Cuando veo que me puede favorecer, si siento que he tenido cuatro errores seguidos, por ejemplo, pido cambiar el volante, la toalla, bebo agua…, pero todo esto lo considero juego inteligente, no juego sucio. En la cancha cada una despliega su propia artillería para intentar doblegar a la contraria.

Lo que ocurre en la pista es como una batalla entre dos luchadoras. Y no siempre gana la mejor, sino la que sabe utilizar mejor las armas que tiene a su alcance. Es parte de la estrategia y también todos esos condicionantes que motivan el juego y lo mantienen en vilo.

La psicología es muy importante. Es una baza fundamental para ganar un partido. Conocer los puntos débiles de la rival, cuándo mostrarse de una forma o de otra, cómo reaccionar después de cada punto, qué expresiones faciales enseñar. De ahí la importancia de estar formado, equilibrado, de que tu cabeza llegue a cada torneo con las cosas en su sitio. No te puedes desequilibrar a las primeras de cambio, porque eso hará que pierdas, por muy preparado que estés.

Los partidos los preparo concienzudamente. Por la noche vemos el que he disputado para ver qué ha ido mal y lo que tengo que mejorar para el siguiente. Y siempre estudio el juego de la rival. Aunque me haya enfrentado con ella veinte veces. Vemos vídeos suyos y analizamos su estilo, su técnica, su táctica. Es muy importante tener un conocimiento detallado de la contrincante. Cuantas más cosas sepas, más sencillo es atacar sus puntos débiles y derrotarla. Como veis, hay mucho de estrategia y de táctica detrás de un partido de bádminton, mucho más de lo que puede parecer a primera vista.

Mis entrenadores van por delante y previamente observan detalladamente a las posibles rivales que pueda tener en un torneo. Hacemos análisis muy específicos y no puedes dar por hecho que ya las conoces porque te hayas enfrentado muchas veces con ellas, ya que también pueden modificar con el tiempo su estrategia.

Fernando lleva a cabo un análisis tan exhaustivo de los partidos como creo que no lo hace nadie más en el mundo. A cada encuentro le dedica cuatro o cinco horas. Es una auténtica maravilla, da gusto trabajar con él y da mucha seguridad saber que tienes a un tipo tan brillante a tu lado.

Cuando salgo a la pista afronto un partido que ha sido preparado perfectamente. Luego depende de mí que todo eso que hemos analizado y estudiado dé sus frutos y termine bien, pero tengo la satisfacción de saber que hemos hecho todo a la perfección para llegar a ese momento.

Mi equipo sienta las bases para que yo desarrolle en la cancha todo lo que han estudiado. No salgo a la pista a ver qué pasa, dejando las cosas al azar. ¡De eso nada! Detrás de cada partido hay un trabajo increíble, potente y con un engranaje muy laborioso. Hasta el más mínimo detalle se desmenuza porque cualquier aspecto puede ser importante para decantar la balanza de un lado o de otro. Y, si algo tengo claro, y creo que ya os habéis dado cuenta, es que en esa balanza no quiero estar en el lado perdedor, así que haré todo lo que esté en mi mano para que no ocurra.

Mi contrincante en la pista es mi enemiga. Lo siento, pero es así. Podría emplear otras palabras, pero no reflejarían la realidad con tanta contundencia. Una de las chicas con las que entreno es mi mejor amiga…, pero fuera de la cancha. Dentro no conozco a nadie. Perfectas desconocidas, me atrevo a decir.

Un día hablé con ella y fui muy sincera: «Clara (Azurmendi), eres mi mejor amiga cuando salimos de entrenar, pero en la cancha, si no lo haces bien y no me das lo que necesito, te lo voy a exigir y te hablaré como la deportista Carolina Marín. Fuera cuenta siempre conmigo, pero lo que hacemos dentro es muy serio». Me entendió, nos entendimos. Hay dos vidas: la de la cancha y lo que ocurre fuera. La vida normal.

Esta premisa es extensible a los miembros de mi equipo. Tenemos una relación excepcional, pero debemos saber separar el momento en el que estamos trabajando del que, por ejemplo, hablamos de forma distendida fuera de la jornada de trabajo.

Si el partido acaba mal, mi cabreo es tremendo. Depende de cómo pierda, la frustración me dura más o menos. Me molesta mucho que me ganen porque he jugado mal o porque mentalmente no he estado bien y no he sabido cambiar una situación adversa. Ese sigue siendo mi punto débil. Digamos que he mejorado en aprender a perder, pero todavía depende de qué tipo de derrota. Si es porque he jugado mal o he mostrado debilidad mental, puedo estar enfadada y decepcionada conmigo más de una semana. Es terrible. ¡Me temo! Lo único que me salva es que normalmente jugamos dos torneos seguidos y el mosqueo está acotado al tiempo que va de uno a otro, y suele ser poco. ¡A veces un día!

Pero, si no tengo ese partido cercano o el siguiente campeonato próximo, no hay límites en el mosqueo que me invade si he sido derrotada por fallos que considero que son achacables a errores míos. Siempre procuro dar lo máximo en la pista. Y no me permito ninguna relajación. Incluso aunque el partido lo tenga controlado y con un marcador amplio a mi favor, juego cada punto como si fuera decisivo. Es mi carácter, mi forma de ser. No me tolero ninguna distracción. Tengo todos los sentidos en la pista y en lo que estoy haciendo. No me sentiría bien si no ofreciera todo lo que llevo dentro.

Aquí también destaca el trabajo de la psicóloga. Cuando acaba un partido, gane o pierda, le mandó un *Whats-App* a María para decirle cómo ha ido el encuentro. Si ha habido algo importante dentro de su ámbito le pido que me aconseje y que me comente cómo puedo mejorar en ello. Estamos continuamente en contacto.

Sin ella, me costaría mucho más superar esa frustración que tengo cuando no gano un partido. Y sin mi equipo, que siempre está a mi lado, también.

SIN MOTIVACIÓN NO HAY RUMBO Y SÉ DE LO QUE HABLO

La motivación va muy unida a los objetivos, es como si se fueran dando siempre la mano. Van enlazados, encadenados. Después de haber sido campeona de Europa y del mundo tenía un nuevo reto por delante: la medalla de oro en los Juegos Olímpicos. Quería ser la mejor en todo.

Después del oro en Río vino quizá ese «problema» motivacional. ¿Qué era lo que me esperaba ahora? ¿Dónde tenía que poner el siguiente foco? ¿La siguiente meta? La vida de un deportista se rige por los desafíos constantes, el crecimiento. Hay siempre un querer más, más y más. A partir de ahí, hubo un momento en el que me costó plantearme nuevos objetivos porque había conseguido todo lo posible.

Ese mismo problema tuvo mi entrenador. El oro de los Juegos fue la bomba, pero al día siguiente nos sentamos, nos miramos y nos dijimos: Y ahora, ¿qué? Y así era, ¿ahora qué? ¿Cuál era el siguiente paso dentro del guion? ¿El siguiente punto dentro de la escalada ascendente hacia algún lugar?

Por suerte, unos meses después nos reunimos y acordamos que lo que teníamos que intentar lograr era ser los mejores de la historia. Y para ello, debía ganar más mundiales y más medallas en unos Juegos Olímpicos.

Ahora que he pasado por ello es cuando me doy cuenta del mérito que tienen algunos deportistas que siguen esforzándose a tope y no pierden la ilusión por conseguir más títulos cuando ya lo han ganado todo. Son personas que podían tomarse con más tranquilidad su carrera, que han ganado ya bastante dinero, pero que siguen sacrificándose y esforzándose por seguir cosechando éxitos. Os aseguro que no es fácil mantener activada la cabeza y el cuerpo para una exigencia máxima una vez que ya eres reconocido y has levantado trofeos en cualquier parte del mundo.

Por eso es digna de elogio el hambre de triunfos de deportistas como Rafael Nadal: ha ganado todo lo imaginable y ahí sigue. Se sobrepone a dolores tremendos y continúa luchando con una exigencia física bestial y sobrehumana. Ni hablemos de su exigencia mental, que es impresionante, porque ambas van de la mano. Si fallas en una, no tienes nada que hacer.

Volviendo a mi caso, había llegado ya a lo más alto, pero me di cuenta de que más allá seguía habiendo retos y marcas que batir; en realidad no valía con haberlo hecho una vez, tenía que volver a conseguirlo para ampliar la dimensión de mi trayectoria y que fuera histórica. Mi objetivo ahora es ser de nuevo campeona olímpica y en 2021 ser campeona del mundo en Huelva, en mi casa.

La parada obligatoria tras mi grave lesión fue la que puso mi cabeza en orden y me dio la motivación necesaria para seguir adelante. Y logró el milagro de multiplicar las ganas, porque primero tenía que volver a ser la que era, que la lesión no hubiera dejado secuelas en mi cuerpo y mis objetivos se volvieron a instalar, uno detrás de otro: la recuperación, volver a los entrenamientos, mejorar mi juego, competir, ganar. Me animó mucho ver a mi equipo enchufado. Mi entrenador me siguió y estuvo al cien por cien de motivación. Recuerdo su llamada nada más lesionarme para decirme que iba a estar a mi lado, como había estado siempre, y que no me iba a dejar sola. Me emociona contarlo tanto como vivir aquel momento, al día siguiente de la operación, en el que estaba todo el equipo reunido a mi lado.

La motivación mueve el mundo, no os olvidéis. Si estáis motivados será mucho más fácil alcanzar todo aquello que os propongáis.

«Es la jugadora que más carácter demuestra en la pista en cada campeonato, en cada partido y en cada punto. La jugadora que más he visto luchar y sufrir por alcanzar su sueño.

Una chica que, aunque parezca de otro universo, es compañera y amiga. Cuando la necesitas está ahí para ayudarte en los malos momentos y para celebrar en los buenos. Todo un ejemplo de superación y un ejemplo para seguir».

Kike PEÑALVER,
jugador de bádminton.

10.
TERCER MUNDIAL: HACER HISTORIA

Ya os he contado que antes de mi gran lesión tuve otra que me lo hizo pasar mal, os voy a explicar por qué vuelvo a ella ahora. Fue el año después de los Juegos Olímpicos de Río, de donde regresé con una medalla de oro. Y la plenitud. Pero después tenía el sacro tocado y no me encontraba bien. Entre septiembre y diciembre no hubo una semana en la que pudiera entrenar con normalidad. Me dolía y no me encontraba a gusto, tenía que parar continuamente. Mi sacro no estaba bien y salía cojeando. Había un bloqueo en mi cuerpo. Competía, avanzaba en las posiciones lógicas dentro del lugar que ocupo y de lo que se espera de mí, pero la realidad fue que, por mucho que me cuidó el fisio, pasé un año fatal. La cosa era que me hacía pruebas y no se llegaba a detectar nada, por lo que todo resultaba bastante frustrante. Me infiltré, como os he contado, para poder entrenar y jugar y esa fue la solución técnica, por decirlo de alguna manera.

Pero la otra cara de la moneda en la que no hemos avanzado y que os quería relatar es que perdí ilusión, ganas y, lo más relevante, la confianza en mí misma. A partir de enero de 2017 fue cuando empecé a notar mejoras en mi sacro, aunque solo tres semanas antes del Mundial de 2018, en Nankín (China), fue cuando me empecé a encontrar bien. Antes de esa cita, tenía dos torneos en junio, en Malasia y en Indonesia. En el primero caí en cuartos de final y en el segundo, en primera ronda.

Mi confianza iba bajando de forma alarmante, cada vez más, como si algo dentro de mí estuviera encendiendo un piloto rojo: algo no iba bien, caía en picado. Decidí tratarme con una nueva psicóloga, la actual, y cambiamos todo. Nos centramos en analizar lo que queríamos: conseguir el Campeonato del Mundo. Casi todos los días estaba María conmigo. Mañana y tarde. En los entrenamientos. Era durante esa etapa un punto al que mirar cuando algo dentro de mí se desmoronaba. Era yo la que me desmoronaba.

Ya os he contado que cinco semanas antes del tercer Mundial viajé a Malasia e Indonesia, donde perdí con la japonesa Sayaka Sato, a la que había ganado el noventa y siete por ciento de las veces que había jugado con ella. Había jugado muy mal y sobre todo tenía muy malas sensaciones. Al día siguiente cogimos las maletas y nos volvimos a Madrid. Estaba realmente fastidiada porque ya quedaban tres semanas para el Mundial… y lo que pensaba era que era muy mala. No me veía capaz de hacer un buen papel en el torneo y las emociones desagradables me destrozaban por dentro. Seguí entrenando en Madrid y cómo sería la cosa que hasta en los entrenamientos no había energía positiva. Se sentaron un día Fernando y María, la psicóloga, a hablar conmigo. Fernando me preguntaba por las emociones, él quería saber qué era lo que me estaba pasando, qué nudo tenía ahí que me estaba bloqueando, para conseguir liberarme. María me decía que cómo me sentía en los entrenamientos... Al intentar responder a sus preguntas me di cuenta, y así se lo dije, de que lo que tenía era miedo. Miedo de perder contra ciertas rivales, los últimos torneos me habían dejado esa sensación que no era capaz de controlar. Después de esa conversación en la que estuvimos hablando más de una hora yo me fui a almorzar.

Cuando pasó el tiempo supe que Fernando le aseguró a Anders, mi segundo entrenador, que íbamos a ganar el Mundial. Este se debió de sorprender, con lo mal que lo había hecho hasta entonces...

Hubo un cambio radical. Hasta ahora lo que habíamos hecho era trabajar la defensa y yo soy una chica atacante, mi juego se basa en la agresividad en cuanto al ataque. Cambiamos el chip en el entrenamiento y en vez de alargar las jugadas lo que hicimos fue perfeccionar el ataque, ser más agresiva en la pista y, a su vez, con María trabajé mucho el lenguaje corporal. A través de él generaba ese lenguaje agresivo conmigo misma y después se lo proyectaba a la rival.

Salió el sorteo y me tocó con una tailandesa en primera ronda y en segunda con la japonesa con la que había perdido el último partido. El reto estaba servido. Fue la mejor preparación que he hecho, muy dura, muy intensa, pero increíble, mejor que la de los Juegos Olímpicos de Río. Llegué con una sensación de confianza tremenda. Salí en el primer partido y no le di apenas opción a la rival. En el segundo, con la japonesa que había perdido, no tuve miedo. Salí como un toro y creo que se vio que le gané con facilidad. En la semifinal me enfrentaba a una china, y ahí tenía yo la cosilla de estar compitiendo en su país y con todo el mundo a su favor. En ese partido no entré con el ímpetu de los anteriores y de hecho perdí el primer set. Al segundo cambié el chip y volví a usar ese lenguaje corporal que tanto había trabajado durante tres semanas. Consistía en mostrar a la rival que había ido a ganar y no le iba a dar opciones y lo hacía en todo, también en mi manera de andar por la pista después de cada punto. Y, si cometía algún error, seguía manteniendo esa firmeza, esa seguridad en que no pasaba nada e iba a ganar el siguiente.

La final me tocó con Sindhu. Iba ganando, luego pasamos a 16 iguales. Logré diferenciarme en dos puntos y el segundo set creo que fue a 7 en una final de un Mundial. Conseguí mostrar esa agresividad que forma parte de mí en el terreno de juego.

Y así me hice con el tercer Mundial, que seguramente fue el que más disfruté. Al primero, en 2014, iba con el objetivo de conseguir medalla, sin tener claro el color y fue casi inesperado que ganara. Hasta una semana antes del segundo Mundial no supe si podría jugarlo. Un mes antes me hice una fractura en el quinto metatarsiano del pie derecho y estuve con una bota rígida y tuve que decidir jugar con el tiempo justo. Íbamos a por el oro, pero no estaba tan claro. En 2018, la gran diferencia fue la determinación, por eso creo que lo disfruté de una manera especial, a pesar de haber sufrido mucho en esas dos derrotas iniciales, que fueron definitorias para lo que vino después.

Cuando lo conseguí no tenía tan claro que estaba haciendo historia (la única mujer que lo ha conseguido), desde luego no acudí al Mundial a cumplir ese objetivo. ¡Fue una alegría, un paso más!, pero desde entonces he seguido el camino, planteándome nuevos objetivos para seguir creciendo.

MI VIDA VA MUY RÁPIDA

Cuando pienso que tengo ya veintisiete años y que llevo más de la mitad de mi vida fuera de mi casa me doy cuenta de lo rápido que va todo. Supongo que pasado el tiempo seré consciente de lo que he conseguido. Ahora vivo inmersa en un ritmo tan frenético de trabajo, con entrenamientos, viajes, torneos, que apenas puedo relajarme y pensar en lo que me está pasando. Voy saltando de una cosa a la otra. De una meta a la siguiente. Así que creo que cuando pare, cuando me retire, será cuando valoraré todos los pasos que he sido capaz de dar en mi carrera. Ahora mismo lo que tengo es la sensación de una especie de recompensa por el trabajo que hago, por los esfuerzos y el tiempo que dedico a mi pasión. Curro mucho y recibo un premio. Y ya está.

Cuando estás arriba apenas hay tiempo para disfrutar de los triunfos y ya os he dicho que no los celebro. Si acaso las victorias de los mundiales y los Juegos sí que las saboreé más, pero por el simple hecho de que tuve más días de descanso. Quizá mi intensa actividad y el ánimo que tengo de estar siempre haciendo cosas me impide pararme y pensar en todo lo que he hecho. Lo que sí tengo claro, porque lo sufro cada día, es el trabajo que hay detrás de cada éxito. Tengo muy presente mi llegada a Madrid, cargada de deseos, siendo una niña. Y unos cuantos años después, ¡aquí estoy! Con muchos de aquellos sueños hechos realidad. Sé que todo el esfuerzo, que toda la dedicación, han merecido la pena.

«*Además de ser un ejemplo en todos los aspectos como deportista, que ya ha demostrado con creces que es la mejor del mundo, puedo decir que es un ejemplo también como persona. Disponible siempre que haga falta para echar una mano y ayudar en lo que pueda.*

Tengo la suerte de poder contar con ella como un gran apoyo, una amiga de las de verdad y sabemos que podemos contarnos cualquier cosa y tenemos un hombro sobre el que llorar y también reír siempre que haga falta, esto último sobre todo».

Clara AZURMENDI,
jugadora de bádminton en el CAR.

11.

FERNANDO, MÁS QUE UN ENTRENADOR Y CASI UN PADRE

Me es imposible echar la vista atrás y no verle siempre a él. Y os he contado que todo comenzó en un campeonato en Menorca, donde vino a verme, yo sabía que él estaba allí, pero no era del todo consciente del motivo. Fue el inicio de toda esta aventura. El comienzo de mi vida profesional con el traslado a Madrid. Él era entrenador del CAR, aunque lo que yo desconocía era que su visita fue para ficharme. Lo que le llamó la atención, supe después, fue mi espíritu de lucha. Para mí era algo inimaginable que un entrenador de su categoría me siguiera de cerca. Era entonces una cría y no era consciente en ese momento de que las puertas de mi futuro se me iban a abrir de par en par, que todo iba a cambiar y estaba a punto de ocurrir.

Recuerdo que cuando me lo presentaron me impuso mucho. Estaba muy nerviosa. El hecho de que a ese nivel estuvieran pendientes de mí y de mi carrera era algo increíble. A esas edades el deporte, y el bádminton en mi caso, ya empieza a hacer una selección natural de la gente que sigue adelante y de la que empieza a quedarse en el camino.

Es un momento de la vida complicado. El comienzo de la adolescencia está ahí. Ves chicos y chicas de tu edad que llevan una vida que no se parece en nada a la tuya, porque incluso ya empiezas a viajar para competir en los torneos. Y la exigencia asoma, tanto en los entrenamientos como en los propios partidos, mientras la responsabilidad se va multiplicando. Por eso, con esos trece o quince años, hay muchos chavales que se bajan del tren y dejan de seguir sacrificándose, cuando fuera tienen un montón de cosas apetecibles esperándolos.

En este periodo hay una importante criba. Comienzan a caerse jóvenes que incluso despuntaban respecto al resto, pero que prefieren abandonar porque no están dispuestos a entrar de lleno en un mundo de una exigencia física y mental descomunal. Es una lástima, porque lo dejan chicos a los que se ve con mucho talento. Creo que si dieran con la persona adecuada a su lado seguro que cambiarían de opinión. Es vital tener alguien cerca que te guíe en el camino.

El año que conocí a Fernando fue el que cambió mi vida. El año en que me vine a Madrid a vivir con catorce años, y desde entonces seguimos juntos. Se ha convertido en mi entrenador, mi consejero, un amigo y a veces hasta un padre. Él fue mi referente y mi apoyo cuando yo era una niña y no tenía a nadie de mi familia cerca. Es el líder de mi equipo y una pieza muy importante para mí.

Es vital para un deportista que empieza tener al lado a una persona así. Que te inspire confianza, que te haga creer en lo que te dice, que te lleve por el camino correcto... Y que, según vas cumpliendo años, haga que el proyecto y los deseos se vayan cumpliendo de manera progresiva.

Con el paso del tiempo, me enteré de que, cuando fue a verme a Menorca, le encantó mi forma de jugar. Le impresionó mi control del tiempo, del partido. Yo lo paraba cuando quería, cuando quería sacar rápido, lo hacía... Le parecí distinta a las demás jugadoras y vio en mí un futuro halagüeño. Valoró el hecho de que tenía detalles que no eran habituales en jugadoras de mi edad y sí de gente más veterana.

Con él perfeccioné mi sistema de juego y otros aspectos como, por ejemplo, acelerar el tiempo que hay entre punto y punto para que la rival se fatigue más y se agobie porque se da cuenta de que estoy mejor físicamente que ella. Y como este, muchísimos detalles, porque hasta que no lo conocí mi manera de jugar era solo fruto de mis ideas y juntos formamos otro proyecto que nada tenía que ver con lo anterior.

Con catorce años fui al Campeonato de España de selecciones Sub-17. Cuando se supo que iba yo, hubo algunas críticas porque había gente que no entendía que alguien tan joven pudiera ir a ese torneo y consideraban que había otras chicas que podían hacer un mejor papel. El resultado fue que di la sorpresa del campeonato y lo gané a pesar de ser la más pequeña.

Ya os he contado cuál fue la primera conversación seria que tuve con Fernando cuando llegué al CAR y le dije que quería ser la número uno. Tenía claro que no quería ser una más en el circuito del bádminton.

Fernando presentó un proyecto sobre mí a la Federación Española de Bádminton y le dijeron que estaba loco. Tenía un contenido fuerte, motivador, muy exigente, inimaginable en España. Al final, la Federación le apoyó y está claro que no se equivocó.

Con el tiempo, eso que yo deseaba cuando empezaba de ser campeona de Europa, del mundo y olímpica, lo he podido conseguir. Y es bueno para la gente joven que comienza en este deporte o en cualquiera. Ven que, si algo se quiere y se pelea por ello, se puede lograr. No es imposible. Hay un camino trazado muy duro, de enorme sacrificio, de trabajo sobrehumano que te puede llevar a lo más alto.

Y os aseguro que merece la pena. La satisfacción que produce proclamarse campeona en un torneo o colgarse una medalla es increíble. Observar que recoges los frutos de un trabajo bien hecho. Y ahí está la recompensa por todas esas horas de locura y de exigencia física y mental.

En mi trayectoria he visto jugadores mejores que yo técnicamente, muy buenos, con muchísimo talento, que no han llegado más arriba posiblemente porque no se han esforzado lo suficiente para acompañar ese gran talento con más trabajo. Yo me lo he currado, he dicho no a multitud de cosas, he optado por sacrificarme al máximo para tener posibilidades de ganar torneos. Soy una afortunada porque he visto que mi esfuerzo ha sido recompensado. Es verdad que no siempre ocurre. Pero también me he tenido que olvidar de las vacaciones, de los fines de semana, de la diversión, porque hay que cuidarse y lo que haces una vez que acabas los entrenamientos también te afecta. La entrega es absoluta. No puedes abandonarte. Y todo esto tiene daños colaterales. Yo no tengo muchos amigos, porque la realidad es que apenas salgo.

Espero que me queden como mínimo seis años. Quiero llegar a los Juegos Olímpicos de 2024 o cuando sean. Tengo que ver cómo va evolucionando físicamente mi cuerpo según vaya cumpliendo años. Cómo reacciona al esfuerzo, a la alta intensidad, a la recuperación después de cada partido.

No es lo mismo todo esto con treinta años que con dieciocho. Y más en mi caso, que desde que empecé en el bádminton he exigido lo máximo a mi cuerpo, he sobrepasado muchas veces el límite.

Mi entrenador alguna vez me ha comentado que lo que me ha pedido que haga en un entrenamiento nunca se lo haría a su hija.

Lo curioso es que soy yo muchas veces la que pide que me den más caña en los ejercicios y la que quiere continuar, sobre todo si algo no me sale como quiero. Ahí soy cabezota hasta el límite. No me importa estar el tiempo que haga falta en la pista probando y ensayando movimientos, golpeos, táctica, estrategia. ¡Soy una loca!

Fernando también es algo psicólogo. Sabe cómo tratarme, dónde y cuándo apretarme. Me conoce a la perfección. He crecido a su lado y sabe cuándo me tiene que decir las cosas y yo también sé cómo es él. Tenemos muchas horas de vuelo juntos y eso se nota. Es la persona con la que paso más tiempo, alrededor de ocho horas diarias. Y la convivencia siempre es dura. Tenemos nuestras diferencias y momentos complicados, como es lógico, pero siempre tratamos de llevarlos de la mejor manera posible. Hablamos de todo, principalmente de bádminton, aunque si tengo un problema personal se lo comento, o si no me encuentro bien se lo digo y lo analizamos.

Soy muy transparente y desde lejos se me nota si estoy mal, si estoy triste, si he llorado, y él nada más verme ya sabe cómo me encuentro sin decirle nada. Tengo confianza plena en él y es una de las claves de mis éxitos deportivos. A lo largo de los años hemos acumulado muchas anécdotas y me ha ayudado a desarrollar también herramientas. Una de ellas es a hablarle al miedo. Yo soy muy emocional. Soy hija única y, como todas las personas, he pasado por problemas personales. Mis padres se separaron cuando yo tenía doce años y tiendo a tragarme las cosas para no preocupar a los demás. Eso hace que muchas veces acabe sufriéndolo mi cuerpo, ya sea con una faringitis o una cuestión mayor. Fernando me ayudó con esa simbología de ir a un rincón, mirar cara a cara al miedo y hablarle. Sacar todo aquello que te preocupa, que te asusta, liberarlo para evitar somatizarlo. Y ayuda.

Cuando llegué a Madrid él fue como un padre. Aunque es muy importante separar la amistad de la profesión. Es lo mismo que contaba antes de Clara, mi amiga, con la que entreno. Lo es fuera de la pista, dentro somos compañeras. Hay que saber separar ambos aspectos, aunque es verdad que a veces es muy difícil hacerlo.

Pero, en trece años de convivencia con Fernando, no siempre el camino ha sido fácil ni lineal. Lo importante es que hemos sabido trabajar y superar todas las dificultades que nos han ido surgiendo en ese camino. Por ejemplo, muy complicado fue ese momento de bajón en cuanto a la motivación, después de los Juegos de Río.

En fin, hemos tenido momentos difíciles, como es lógico, si bien siempre hemos sabido solucionarlos.

Él me exige mucho. Incluso en las victorias. Después de un partido siempre tengo una charla con él, en la que analiza cómo ha sido mi juego, los errores que he cometido, las cosas que tengo que mejorar, lo que hemos entrenado y no he puesto en práctica... Pero celebrar algo lo hemos hecho pocas veces.

No se enfada si pierdo porque mi rival ha sido superior. Pero sí se enfada bastante si me han ganado porque no estaba bien mentalmente, porque no me he esforzado lo suficiente o porque no me he metido de lleno en el partido.

Le gusta que si hemos estado entrenando algo nuevo lo pongamos en práctica en los partidos, porque son aspectos diferentes que las rivales no esperan. Quiere que comprobemos si las jugadas que ensayamos funcionan. No siempre da sus frutos todo lo que entrenamos. Pero si esto no lo pruebo en los partidos por miedo o por inseguridad a él no le gusta.

Nada más terminar un partido voy al vestuario con mi fisio. Fernando, mientras tanto, me pregunta cómo me he sentido en el encuentro. Hay veces que estoy tan cabreada que le pido que hablemos mejor más tarde, porque estoy muy caliente y prefiero no comentar lances del partido. Y esto puede pasar incluso después de una victoria.

El momento de recogimiento en el vestuario tras un partido es algo necesario. Gane o pierda. En mi cabeza todavía bulle lo que ha pasado, las jugadas, los puntos, mi actitud. Está todo mezclado, no tengo capacidad para discernir cada aspecto. Con el paso de los minutos ya empiezo a seleccionar de forma individual aquello que ha sido para mí más llamativo.

Por la noche solemos ver el partido que he jugado. Es curioso porque a veces tengo una visión de cómo he estado y luego, cuando lo analizo tranquilamente desde fuera, observo cosas que son diferentes. En el partido estoy a lo que estoy. Cuando lo veo sin la presión de los puntos hay situaciones que cambian mi parecer.

Fernando, en cambio, tiene menos margen para la sorpresa entre lo que ve en directo y lo que posteriormente observa en la pantalla, porque él durante el partido está sentado en una silla, mientras que yo estoy metida con los cinco sentidos en la pista.

Le cuesta halagarme. Es muy exigente y eso le lleva a no regalar elogios. Pero gracias a eso estamos donde estamos. Si no hubiera sido por él, no habría conseguido los campeonatos que tengo.

Recuerdo cuando gané en Australia en 2014 el primer torneo potente antes del Mundial de Copenhague. Había derrotado a una china, estaba muy contenta después del partido, me había encontrado muy bien. Sin embargo, Fernando tenía otra visión completamente distinta. Me dijo que el partido había sido una porquería y que yo no había hecho nada de la estrategia que habíamos entrenado. Recuerdo a la perfección que me dijo que ganar estaba bien, pero que tan importante como eso era trasladar a la pista la técnica y la táctica que entrenábamos. Todo esto nada más acabar el partido...

En cambio, ha habido torneos en los que he perdido jugando bien y no ha estado tan cabreado.

Sería mentir si digo que todo esto no supone un desgaste tremendo y además en todos los ámbitos, en lo físico, lo mental y lo emocional. Es vivir todos los días muy arriba. Se espera tanto que el margen de error permitido es muy pequeño y la tensión elevada. Por eso hay muchas personas que no lo pueden soportar, que no les compensa. Y son gente muy buena, con talento, pero estar ahí arriba exige demasiado. De hecho, en todos estos años, he coincidido con jugadores buenísimos y que lo tenían todo para triunfar, pero luego no sabían competir, tenían algo en la cabeza que les suponía un lastre para poder conseguir la victoria. Las cosas son más complicadas de lo que pueden parecer a primera vista.

«*A nivel deportivo sus logros son evidentes, pero no todo ha sido un camino de rosas, desde que siendo una niña decidió cambiar su hogar natal y vida de juventud por la Blume como hogar y una entrega total al bádminton, renunció a disfrutar de la vida como cualquier niña de su edad y se fue lejos de su familia.*

Gracias a Dios, el sacrificio y esfuerzo derrochado dieron sus frutos desde bien temprano, demostrando que tomó una gran decisión con todos esos éxitos cosechados. Pero, para mí, el mejor logro es que siga siendo esa niña, ya mujer, vivaracha, revoltosa y muy familiar. Gracias, Caro, por todo lo que nos has dado».

Domingo INFANTE,
padrino de Carolina.

12.

Así preparo las grandes citas

Hay rituales que antes de las grandes citas repito y no me planteo no hacerlos. Por ejemplo, antes de afrontar con buena energía unos Juegos Olímpicos, un Mundial o un Europeo tengo que llegar una semana antes al campeonato en perfectas condiciones.

Cuando se trata de un Mundial suelo hablar un par de meses antes con mis entrenadores y ya ahí comentamos la planificación que vamos a llevar a cabo. Cómo van a ser los entrenamientos que voy a hacer, la carga física y dónde voy a coger el pico de forma adecuado para llegar a tope al torneo.

Los campeonatos previos a las grandes citas nos los planteamos como una preparación del torneo estelar, aunque, por supuesto, también quiero ganar.

Yo salgo a ganar siempre, no sé hacer otra cosa, pero en este caso no me fustigo tanto si caigo derrotada. Sé que forma parte de la preparación para un gran objetivo, aunque me cuesta mucho mentalizarme de ello porque odio perder. Lo que hacemos es diferenciar qué torneos se enfocan para prepararse y cuáles para ganar, aunque esta distinción en mi cabeza me resulta muy difícil. Yo salgo a ganar siempre y todo lo que no sea eso...

2015 fue el mejor año de mi carrera. Gané cinco Super Series y el Mundial de Yakarta. Sin embargo, en 2016, de enero a junio no logré ningún torneo y en agosto conseguí la medalla de oro de los Juegos Olímpicos de Río. Los picos emocionales durante estos tiempos pueden ser muy distintos. Después de haber hecho un 2015 pletórico, mi confianza se resintió al año siguiente al ver que los triunfos no acababan de llegar. Hubo, de hecho, un torneo en el mes de marzo, en el que puse especial empeño para que las cosas salieran bien y tampoco ocurrió. El *coach* con el que estaba trabajando fue capaz de cambiarme la mentalidad y hacerme ver que en ese momento no estaba poniendo bien el foco y que no tenía que darle importancia. La clave de ese año eran los Juegos y ahí tenía que echar el resto. Río debía ser mi centro neurálgico y tenía que dejar de fustigarme.

El esquema de partidos de los mundiales comprende un partido diario, no hay descanso entre uno y otro. Son cinco días y cinco encuentros. En los Juegos Olímpicos no es así. Fueron diez días de competición, con parones entre partidos de uno o dos días. No me gusta este sistema. Alargas los nervios. Prefiero que sea todo más continuado. La ventaja que tiene es que el día que no competía lo dedicaba a recuperación y a mantenimiento. Intentaba estar ocupada para no agobiarme.

En la preparación para los grandes campeonatos también tenemos en cuenta que la Federación exige disputar una serie de torneos antes de los mundiales, mientras que para los Juegos esto no ocurre.

Antes de los partidos no soy muy maniática, pero sí tengo rutinas. Si una competición empieza el miércoles solemos viajar el sábado, sobre todo si es en Asia, para acostumbrarnos al *jet lag*. El domingo hacemos el típico entrenamiento de recuperación del viaje y el del lunes y el martes es en pistas con raqueta y también en el gimnasio.

La preparación de la estrategia la llevamos a cabo unas pocas horas antes de los partidos. Me gusta llegar pronto al pabellón. Si juego en quinto lugar, como mínimo estoy ya en el segundo o tercer partido para familiarizarme con la cancha y el aire acondicionado.

Cuando se está jugando el cuarto partido, caliento. En el punto 11, descanso. En el primer set, toco el volante. Cuando quedan cinco puntos para que acabe ese partido previo y comience ya el mío repaso con mi entrenador el plan de juego. Luego me voy ya a la zona de jugadoras. Y ahora estaréis pensando que soy una maniática de libro, pero creo que son más rutinas que otra cosa. Me funcionan y me van bien. La previa suma para llegar a la victoria.

Yo no soy supersticiosa. ¡Ya lo es mi madre por mí, y lo es de un modo exagerado! Lo único que repito siempre, o casi, es ponerme una cadena de oro que lleva tres colgantes, uno con mi inicial y otros dos con la Virgen del Rocío, uno que es el rostro y el otro de cuerpo entero. No solo no me molesta durante el partido, sino que además si se me mueve me la voy colocando. Me la regalaron mis padres y es la manera de tenerlos cerca allá donde esté. Pero si un día se me olvida ponérmela, tampoco me vuelvo loca.

Y sigo siempre la misma rutina. Eso es verdad. Hago el mismo calentamiento y cuando salgo a la pista dejo el raquetero en la caja que tenemos puesta por la organización. Abro el raquetero para sacar el agua y la toalla. Doy un sorbito al agua y me voy a hacer el sorteo con la rival...

En el sorteo de campo miro ya fijamente a mi rival, su cara. Me gusta ver cómo está. Aquí sé si está nerviosa, si está motivada, las ganas que tiene de vencerme. Hago un análisis facial exhaustivo. Es otro instante más que marca el partido.

En este momento también es fundamental mi expresión corporal. Traslado con mi cara que yo estoy aquí y he venido a ganar para demostrarle a la rival desde el principio cómo afronto el partido. Mi oponente ya sabe entonces que si me quiere derrotar va a tener que sudar mucho.

Además, me gusta apretar la mano en el saludo, hacerlo fuerte. Quiero que vea mi agresividad en ese mismo momento.

Toda esta parafernalia antes de que empiece el partido es muy importante. Aquí se empiezan a ganar ya muchos encuentros. No todas las personas están igual de capacitadas para soportar una presión inusual.

Algunas se hunden, pero también es cierto que otras se motivan todavía más. Cada una encaja esas acciones de una manera distinta. El duelo ya ha comenzado. Ese trabajo de análisis mental que hago de las rivales también lo hacen de mí.

A partir del Mundial de 2014 me convertí en alguien molesto, una jugadora a batir, y ha habido partidos en que tenía detrás de mí hasta diez cámaras grabando mis movimientos para analizar mi juego y no perderse ni un detalle. Querían saber todo de mí; tenían que analizarme de manera detallada para acumular una información que les permitiera saltar a la pista con más posibilidades de derrotarme.

Y aunque llevo trece años de competición en el alto nivel, me sigo poniendo nerviosa. Creo que estos nervios son positivos porque me hacen activarme más, aunque a veces se me vuelven en contra. Como es obvio, son el caballo de batalla. Con el tiempo vas adquiriendo experiencia, madurez, puede ser que hayas jugado con esa persona veinte veces, que hayas pisado en muchas ocasiones el mismo torneo, pero de alguna manera todo es distinto. Hay distintos nervios: los de una final olímpica, los de una jugadora que te impone más, los de un partido después de una lesión. Diferentes, pero siempre los hay. La clave es aceptarlos, saber que están ahí, que forman parte del todo y que no acabes luchando contra tu rival y contra ti. Centrarse en la estrategia, en el plan de juego, que es lo que mi equipo y yo hemos diseñado para ese momento.

Cada partido da para mucho. Cada punto es un mundo y se puede analizar individualmente, porque suministra mucha información que puede valer para el futuro. Es más, os diría que hay muchos partidos dentro de un mismo partido. Puedo ganar el primer set, ir perdiendo en el segundo por mucho y luego remontar. Hay numerosas posibilidades en el desarrollo de un encuentro. Yo intento que transcurran sin altibajos, pero no siempre lo logro.

Entre ganar un Mundial o unos Juegos Olímpicos me quedo con esto último, aunque es verdad que es más difícil conseguir un Mundial. Lo que pasa es que tienes más posibilidades de lograrlo porque se disputa todos los años, menos el que hay Juegos. Estos, en cambio, son cada cuatro años. La espera se hace pesada, larga y tediosa. Una vez cada cuatro. Mentalmente pesa una barbaridad.

En diez días te juegas el trabajo de cuatro años. Y lo mismo a los siguientes ya no puedes ir porque estás lesionada, porque no te has clasificado. Por eso, los Juegos Olímpicos son el sueño de cualquier deportista. Especialmente para los que practicamos deportes minoritarios, que casi no aparecemos en los medios durante el resto del tiempo, pero cuando llega la cita olímpica todo el mundo está pendiente.

Menos mal que, gracias a mis triunfos, el bádminton se ha promocionado bastante en España. Después de mi primer Mundial se notó, pero el golpe definitivo se vio tras la medalla de oro de Río.

«Caro es para mí, aparte de mi sobrina y ahijada, una prueba fehaciente de lo que se puede conseguir con lucha, esfuerzo, dedicación y un estado mental a la altura de muy pocas personas.

"Puedo porque pienso que puedo" esta es su seña de identidad, una mujer capaz de demostrar esa rabia con la que celebra todos sus puntos a la vez que la emoción más absoluta en la victoria, con lágrimas sinceras que liberan la tensión acumulada en sus encuentros. Querida Caro, eres un orgullo para tu familia y un referente para el mundo».

M.ª Carmen Marín,
madrina de Carolina.

13.

LOS TÍTULOS, ESA PARTE DE MI HISTORIA

Cada uno tiene su historia, su propia vida, a pesar de que no hay ninguno que destaque de manera especial. Creo que todos han tenido sus peculiaridades, su camino hasta llegar hasta él, todos son diferentes. Y eso me gusta. Ocurre también que hay torneos en los que no he ganado y también creo que deben ocupar un puesto destacado y clave en mi trayectoria.

Ese es el caso del Campeonato de Europa Sub-19, que se celebró en Milán en 2009. Tenía quince años y competía con rivales mayores que yo, y a esas edades esto se nota mucho en la pista.

Era mi primer torneo júnior y nadie me conocía en el circuito. Después de ese campeonato europeo ya empecé a estar en boca de todos. Me planté en la final contra la danesa Anne Hald y la perdí, pero forcé un tercer set en el que caí por 21 a 19. El primero lo gané 21-18 y en el segundo venció ella por el mismo tanteador. En el set definitivo, Hald se colocó con 15-10 a favor y yo le di la vuelta con un parcial de 6-0, pero al final se impuso ella.

Estuve a punto de llevarme el campeonato. Fui designada la jugadora revelación del torneo. Aquí empecé ya a despuntar. Las rivales veían que se incorporaba al circuito una jugadora que venía pisando fuerte. Esa plata fue histórica, un hito en el bádminton español, porque fue el mejor resultado en una competición continental.

De todas formas, y a pesar de la importancia de la plata, ya dije en ese momento que para mí ser subcampeona de Europa no era nada. Que tenía que seguir trabajando para conseguir más éxitos.

También recuerdo el primer Mundial que conseguí en Copenhague en 2014. Fue algo inesperado. Además, unas semanas antes sufrí en Tailandia una luxación en el hombro que parecía que me iba a dejar fuera de la cita. Nuestro objetivo de vencer en un gran torneo como este era para más adelante.

Lo mismo me pasó con los Juegos Olímpicos de Río de 2016. Esa medalla de oro estaba prevista para los de Tokio. Me anticipé cuatro años a nuestros planes. Todo se adelantó.

El proceso para conseguir el Mundial de Yakarta de 2015 también fue muy duro. Un mes antes del comienzo tuve una fractura en el quinto metatarsiano del pie derecho. Había estado entrenando sin parar y, cuando me lesioné, pensé: «Joder, todo a la mierda, a ver cómo llego al Mundial».

Sin embargo, en solo dos semanas pude recuperarme, si bien en el primer partido, aunque lo gané, no tuve buenas sensaciones porque tenía miedo de recaer en la lesión. Afortunadamente me repuse del todo y conseguí el triunfo.

La victoria en el Mundial de Nankín en 2018 también estuvo precedida de dificultades. Estuve mucho tiempo sin buenas sensaciones, lesionada en el sacro, no ganaba casi nada y en tres semanas cambié el chip y llegué al torneo supermotivada. Me encontré como nunca, mejor que en los Juegos Olímpicos.

Otro partido que me cambió fue el de la final perdida del Campeonato Internacional de España, que se jugó en Madrid en 2013. Tal vez, me sirvió más para mi futuro la derrota que si hubiera sido una victoria. Me hizo ponerme las pilas en los entrenamientos y ser más ambiciosa.

Mi contrincante era Beatriz Corrales. Nunca había perdido con ella, ni en entrenamientos en el CAR ni en campeonatos de España.

Antes del torneo me había examinado de selectividad. No había podido entrenar al cien por cien. La derrota en este partido me hizo cambiar la mentalidad. Para mí, perder fue la hecatombe. Tenía diecinueve años. Llegué a pensar que ya había llegado a la meta, que ese era mi límite, que no podía dar más de mí.

Pero me levanté. Pensé: esta jugadora a mí no me vuelve a ganar más. Experimenté un cambio brutal.

La final del Mundial de 2014 también me costó mucho. Había disputado cuatro partidos muy duros antes de ese último paso para ganar el título. Estaba reventada. En aquel tiempo, no llevaba ni fisio. Me tuvo que tratar la novia de uno de los directores técnicos de la Federación.

Mi rival en la final, la china Li Xuerui, había jugado como mucho cuarenta minutos en cada uno de los cuatro partidos anteriores. Ella estaba muy fresca y yo muy cansada. Cuando empecé a calentar pensé: esta me va a dar una paliza. No podía ni moverme. Era la cuarta vez que me enfrentaba con ella y las tres anteriores me había ganado.

Perdí el primer set (17-21), con un comienzo pésimo por mi parte, ya que me endosó un 5-0 en los primeros minutos.

Y en el segundo, cuando iba perdiendo 11-7, mi entrenador me dijo: «Tú verás si quieres escuchar dentro de un rato en el podio el himno chino o el español. ¿Qué bandera quieres ver ahí arriba? Depende de ti».

Estas palabras me hicieron reaccionar. Cambié el chip, me olvidé del cansancio, del dolor en las piernas, de todo. Remonté el segundo set, 21-17, con el detalle de que era la primera jugadora que le hacía más de 17 puntos a la china en el campeonato.

El tercero estuvo lleno de igualdad y de empates, como los anteriores, y finalmente me lo llevé.

El camino a la victoria no fue fácil. Yo en ese momento era la número diez del mundo, y además de derrotar en la final a la primera del *ranking*, dejé anteriormente en la cuneta a la número tres, la china Yihan Wang, y a la número ocho, la taiwanesa Tzu Ying Tai.

Otro partido que recuerdo fue la semifinal del Mundial de 2015 en Yakarta. Jugaba contra la coreana Sung Ji-hyun. El noventa y cinco por ciento de las veces que me había enfrentado con ella le había ganado.

Gané el primer set (21-17), pero en el segundo perdí 15-21. Estaba jugando fatal, tácticamente muy mal, muy nerviosa, con la cabeza en otro lado.

Mi entrenador estaba supercabreado. Me echó una buena bronca y me dijo que hiciera lo que me diera la gana, porque no estaba haciendo nada de lo que me aconsejaba.

En el tercer set, la coreana se puso con 13-8 a favor. A partir de ahí, cambié el chip, hice 10 puntos seguidos, y en el tercer punto de partido me impuse 21-16. Después de hora y media de partido, me metí en la final.

La rival era la india Saina Nehwal. Únicamente le había ganado en el último de mis cuatro enfrentamientos. Fue el partido que menos duró del campeonato. Solo una hora, aunque no fue fácil ganar. Era la número uno contra la número dos.

El primer set terminó 21-16 a mi favor. En el segundo, a pesar del dominio de la india, también vencí, 21-19.

En la final de los Juegos Olímpicos de 2016, en Río, me pasó algo parecido. La rival fue la india Pusarla Venkata Sindhu. Cuando iba por delante en el primer set me metió cuatro puntos seguidos y perdí 21-19. Fue además el único set que no gané en todo el torneo.

Antes de empezar la segunda manga pensé: «A esta me la como yo, no se me escapa viva».

Y así fue. Me la comí. En el segundo set hice un parcial de 4-0 y luego otro de 5-0 hasta ponerme 11-2 y terminar ganándolo 21-12.

En el tercer set llegamos a igualar a 10 después de un 4-0 de la india, que yo se lo devolví hasta el 14-10 a mi favor y finalizar en 21-15.

Demostré que la fortaleza mental es fundamental para llegar a lo más alto en el deporte y en cualquier ámbito de la vida. La he trabajado tanto durante tantísimo tiempo que ya es algo que llevo dentro.

No sé cómo viviré los Juegos de Tokio cuando lleguen. Si subo a lo más alto del podio será un éxito diferente a los demás por la lesión que he tenido y todo lo que ha pasado después, pero no creo que sea más especial que el resto de los títulos que ya he conseguido, porque, como decía, todos tienen una historia.

Lo que sí sé es que si consigo la medalla de oro me vendrán a la cabeza las imágenes tan duras que tengo de la recuperación de la rodilla y todo lo que he pasado y sufrido después.

Y, en resumen, estos han sido mis principales títulos individuales internacionales:

2014: Mundial de Copenhague (Dinamarca)
Europeo de Kazán (Rusia)
2015: Mundial de Yakarta (Indonesia)
2016: Juegos Olímpicos de Río de Janeiro (Brasil)
Europeo de La Roche-sur-Yon (Francia)
2017: Europeo de Kolding (Dinamarca)
2018: Mundial de Nankín (China)
Europeo de Huelva (España)

«*Carolina siempre está cuando la necesitas. Te abraza y el mundo se para. Todo se arregla. Tenerla en la vida es una suerte, porque pelea por sus amigos como lo hace en sus partidos. Te hace sentir como si fueses lo más importante de su mundo. Siempre tiene una buena palabra, un buen gesto, una mirada que lo dice todo.*

Ella es transparente, transmite su energía y alegría allá por donde va. Es fuerte, no se rinde ante nada. Y toda ella es envidiable. Todo es poco para poder describirla. Es una suerte poder tenerla cerca».

TERE,
amiga de Carolina.

14.
EL FUTURO. TAN LEJOS Y TAN CERCA

El tiempo pasa tan rápido que debería empezar a pensar en lo que voy a hacer cuando me retire. No está muy lejos el momento en el que diga hasta aquí he llegado. Es difícil pensar en lo que voy a hacer cuando llevo toda mi vida en esto, desde niña, por eso sé, o supongo, que estaré ligada al bádminton.

A veces me detengo a pensar en la celeridad con la que ha pasado todo. Sin apenas darme cuenta. Como nunca he parado y siempre he tenido una actividad frenética supongo que se me ha hecho corto este periodo, aunque luego el tiempo está plagado de innumerables historias. Puede ser un poco contradictorio.

Me gustaría que mi trayectoria sirviera para que la gente joven que empieza a jugar se dé cuenta de que hay un camino, que se puede, también en España, no solo en Asia, y que se puede ganar. Me ilusiona pensar en la posibilidad de que en los patios de los colegios se pueda poner una red y jugar al bádminton. Es una meta que ya alcanzaron hace mucho tiempo el fútbol o el baloncesto.

Aunque ahora mi cabeza está puesta en Tokio, me gustaría seguir en activo hasta los Juegos Olímpicos de París. Ya sé que la teoría y la práctica se mueven por mundos paralelos. Si me fijo en los pasos a seguir, esos son Tokio y el Mundial de Huelva, mi casa, y a partir de ahí ver cómo está mi cuerpo. Dejarle que me hable. Todavía soy joven, tengo veintisiete años, pero el paso del tiempo ya se va notando. Ya no me recupero igual que cuando tenía dieciocho años.

Por eso, ahora, en frío, yo calculo que a los treinta y uno o treinta y dos diré adiós a la competición, pero nunca se sabe. Me parece que una de las cosas más complicadas es saber gestionar ese momento. Elegir el adecuado. Quizá después de los Juegos de París, si gano. Pero ¿y si no lo consigo? ¿Seré capaz de irme con ese mal sabor de boca? Y, si logro la medalla, ¿por mi cabeza no pasará esa idea de que estoy en plena forma y puedo tirar un tiempo más?

Será un adiós a la competición de alto nivel, pero nunca una despedida del bádminton. No concibo mi vida sin este deporte. Sin la raqueta. Sin los volantes. Sin una red. Esa que divide y marca de forma tan clara la separación entre el éxito y el fracaso. Un reflejo de la vida.

No sé cómo será el día siguiente a mi retirada. Ni los días posteriores. Me refiero tanto al plano físico como al personal. Es una incógnita. Pero sin duda asusta.

El deporte de alta competición plantea unas exigencias muy fuertes. Sufrimos lesiones, dolores, forzamos las recuperaciones… Soy consciente de que cuando me retire tendré que seguir trabajando ciertas partes del cuerpo porque si no lo hago, no podré moverme más adelante.

Además, me gusta el deporte y seguiré activa, pero no es lo mismo competir que hacerlo sin obligaciones. Será pasar de cien a cero.

Me parece increíble hablar de esto con lo joven que soy. En cualquier trabajo, si no has alcanzado los treinta años, todavía estás buscando la madurez o el asentamiento en la faceta en la que desarrollas tu actividad.

En el deporte ya veis que no es así. Con poco más de esos treinta años te «jubilas». No sigues. Cuando un deportista acaba su carrera, el resto de las personas prácticamente está buscando un hueco o intenta consolidarse en la suya.

Por eso vamos siempre por delante en el desarrollo de las fases de la vida. Por ejemplo, cuando era una adolescente yo ya era una persona madura. Siempre con varios pasos por delante de lo normal.

En cualquier caso, ese bajón que trae consigo la retirada será un *shock*. Es lógico. Cuando vaya llegando el momento seré más consciente de la realidad. Estamos acostumbrados a vivir en una burbuja que en ocasiones nos aleja un poco de la vida normal y, antes o después, habrá que aterrizar en ella.

Solo sé que, hasta que llegue ese momento, me quedan por ganar muchos campeonatos y muchas medallas y, mientras esté en activo, mis ganas de vencer y de seguir batiendo récords seguirán intactas. Os lo aseguro. Después vendrán las incógnitas, pero ahora lo pienso disfrutar.

Apéndice
El otro «yo»: Carolina desde fuera, cómo la ve su equipo

Su equipo la colma de palabras de aliento en los momentos malos y también le ha hecho volver a poner los pies en la tierra cuando el éxito le hacía despegarlos. Ellos son los satélites de una estrella única.

Fernando Rivas es su entrenador, el que lleva toda la vida a su lado, el mismo que la «fichó» cuando ella apenas tenía catorce años y abandonó su Huelva natal. Recuerda todavía Fernando esas primeras conversaciones en las que se fue construyendo la Carolina Marín que luego ha ido dando el tiempo: «Fue un proceso en el que se visualizó como la mejor del mundo y esa charla, aquella conversación inicial, nos ha servido de apoyo, de ancla, cuando hemos tenido algún problema y hemos necesitado volver a ella».

Fernando representó durante los primeros años la figura paterna y siempre el respeto, la seriedad del camino elegido. «Si ella me decía que quería ser la mejor del mundo, la mejor de Europa, campeona olímpica, eso implicaba que iba a ser duro. Y ahora está luchando por ser la mejor de la historia. Cuando te planteas ser algo excepcional, desechas ser otras cosas… Ahí es cuando se puede pensar que no le paso una. Pero ella lo tiene claro. A veces le digo, si tú lo que quieres es otra cosa, me lo dices. Y no, lo tiene claro», dice Fernando.

No duda en identificar en Carolina ese yin y yang, esa doble vertiente que tiene muy marcada. «Me impresionó mucho cuando la vi, en el primer campeonato júnior; estaba con Ernesto García (que forma parte del equipo) y ya ahí hicimos un proyecto de bádminton que parecía imposible y multiplicamos las expectativas. En ese momento éramos España y teníamos cero medallas, once años después tenemos veintisiete», apunta Rivas.

«Me acuerdo», relata Ernesto, «que le tocaba a Carolina jugar con una rusa, tenía quince años, no más, y Fernando le dijo que cada vez que le ganara el punto iba a chillar imitando a la rival. Antes de decírselo me lo consultó y yo le dije que le iba a resultar muy duro. Era un proceso y si salía bien... Al tercer chillido la rusa estaba desencajada».

En todos estos años ha habido de todo. Triunfos, derrotas, incluso los logros no siempre se festejan. «El Super Series de Australia de 2015 lo ganó jugando fatal, luego lo hablamos y me dijo que había hecho todo bien. Recuerdo esa conversación en la que yo le insistía en que no había estado en el plan de juego, le hice tres correcciones y concluyó diciéndome que no estaba todo tan mal, que algo habría hecho bien para ganar. A la semana siguiente hubo otro torneo en Indonesia y lo perdió. Pero sirvió para ganar el Mundial que había unas semanas después», relata Fernando, que admite que «veíamos proyección en Carolina, pero no nos imaginábamos esto». En esa ocasión, le dejé equivocarse para que aprendiera por ella misma.

En este equipo cada uno tiene un rol. Y entre todos forman la cadena perfecta para que todo funcione. Eso se nota en los entrenamientos. Guillermo Sánchez es el preparador físico, por ejemplo, y luego están los dos fisioterapeutas: Diego Chapinal y Carlos de Santos Carvajal.

«Los entrenamientos son muy duros, pero es increíble, porque, sea lo que sea lo que proponemos, siempre hay un sí por parte de Carolina. Ella misma asume que es el conejillo de indias. Guille (su preparador) está siempre al tanto de los estudios deportivos que se publican y yo siempre le digo que eso es para la gente de a pie, que hay que ir más lejos, intentamos ir más allá de lo que la ciencia nos ofrece, ya que esos estudios no están adaptados para campeonas olímpicas. Y ese es uno de los secretos. Cuando veo en los entrenamientos que algo no va bien, un gesto raro, llamo a Diego o a Carlos y rápidamente se integra lo que esté ocurriendo», cuenta Fernando.

En el equipo de entrenadores están Ernesto García y Anders Thomsen, que es el segundo entrenador, junto a ella desde 2008 y acumulador de aventuras y viajes. «He estado en muchos de sus torneos buenos y también en situaciones difíciles. Y he ido a hospitales de todo el mundo, porque ella siempre se pone mala cuando estamos fuera y eso siempre me toca a mí», recuerda con dosis de humor. Anders no pasa por alto lo expresiva que es Carolina y ese «lenguaje corporal tan obvio que tiene en la pista».

De viaje en viaje, de país en país y de aventura en aventura, Anders Thomsen es especialista en acumular historias junto a Carolina. De la última no hace tanto. Año 2018. En China. Antes de una semifinal hay un protocolo de todas las cosas que hay que hacer. Hasta ahí todo en orden. Llegaron al pabellón donde se disputaba el partido. «Y de pronto Caro me dice que se ha dejado ¡sus zapatillas! Bueno. Está bien. ¿Qué hacemos? En China las cosas no son tan fáciles. No nos entendimos bien en inglés y a pesar de que mandé a Nacho, nuestro fisio en ese momento, para que recogiera en un coche las zapatillas, allí no había ninguna prisa por hacerlo. Se acercaba la hora del partido. Y las zapatillas de Carolina no estaban. Además, en ese torneo no estaba su patrocinador, que de estar hubiera sido todo más fácil. Intenté comprarle unas zapatillas allí, pero no era posible. ¡No había! A la desesperada, y ya como última opción, pregunté a las jugadoras si le podían prestar unas. Las conseguí, eso sí, dos números más grandes y sin plantillas, pero es que Carolina había venido en chanclas, así que ni tan siquiera tenía calzado de calle. Le tocaba jugar contra la dos o tres del mundo. Así que no había opción. ¡Comenzó el partido y, mientras estaban de camino sus zapatillas, Carolina iba ganando a unas de las mejores del mundo con unas zapatillas que no eran suyas, que le quedaban grandes y sin plantillas!», recuerda Thomsen la anécdota.

Uno de los momentos culmen de la carrera de Carolina fue el oro en los Juegos de Río. Un hito en su carrera. «Aquello fue impresionante, porque lo vio todo el mundo. De hecho, el partido de Carolina fue lo segundo más visto de los Juegos. Cuando fuimos a la entrega de la medalla de oro en Huelva, la repercusión fue increíble. Las calles estaban de gente hasta arriba, decían que no se había vivido algo así desde que el Recreativo había subido a Primera. Fue una experiencia muy increíble», relata Ignacio Paramio, el jefe de prensa de Carolina, experto en relatar cómo Marín es capaz de multiplicar el pan y los peces de las veinticuatro horas del día hasta límites insospechados. «Tiene una agenda imposible».

Un oro soñado y ansiado que le trajo después el vacío. Ese ¿y ahora qué? Así lo recuerda también uno de sus fisios, Diego Chapinal: «Con el paso del tiempo se sufren las lesiones, las derrotas o los triunfos, más por el proceso, por ver lo que aguanta, la disciplina que es capaz de llevar. Pero también nos ocurrió que el mismo día que ganó el oro de Río pensamos y ¿ahora qué? Eso debía ser el éxtasis, pero no lo fue, y todos experimentamos una sensación agridulce. Podía sonar pedante, pero después de conseguir eso, ¿qué venía después?». Y esto da una pista sobre la motivación y las ganas de superación que tiene este equipo.

Y lo que trajo el paso del tiempo lo refleja muy bien su representante Ignacio García en esta anécdota. «Después de los Juegos de Brasil, Carolina tuvo una racha mala de resultados. No ganaba y no se encontraba el porqué. El equipo técnico no llegaba a encontrar una solución. Un día estaba en el despacho de Fernando hablando sobre temas de patrocinios y otros asuntos y entró Carolina para conversar con él. Ese día fue un reflejo exacto de esa fuerza que tiene Carolina, que si das con la tecla es brutal, y Fernando en eso es muy bueno, porque sabe cómo motivarla. Ella estaba mirando al suelo, con la mirada perdida. Fernando en ese momento se sacó un conejo de la chistera y le dijo que creía que tenía que convertirse en la mejor jugadora de bádminton de la historia. En ese momento, con aquellas palabras, fue como si le hubieran pinchado, se le abrieron los ojos, conectó con la idea. A mí me impactó, porque lo asimiló, y a partir de ese instante ella misma lo verbalizó e interiorizó y en las ruedas de prensa empezó a decirlo y los resultados comenzaron a mejorar». Carolina había encontrado un nuevo objetivo y la motivación para conseguirlo.

Ganar el tercer Mundial ya era hacer historia

Su palmarés ya era impresionante, pero había que buscar un paso más. No siempre es fácil. Lo cuenta Fernando, su entrenador. «Llevábamos mucho tiempo entrenando defensa, venía de perder en el Open de Indonesia. Un partido feísimo. Cuartos de final. La cosa iba mal. Seguí sintiendo que en el entrenamiento no había buena energía. Me senté con ella y encontré ese hueco en Carolina, que cuando lo encuentras es maravilloso, porque es capaz de derribar muros. Fue alucinante ver cómo se le iba cambiando la cara. La conclusión de toda aquella conversación era que si quería ganar el Mundial lo íbamos a hacer atacando. No volvimos a realizar un ejercicio de defensa en tres semanas. Aprendió a atacar tan bien que ese Mundial resultó devastador». María Martínez, la psicóloga, hacía apenas un mes que formaba parte del equipo, «recuerdo perfectamente ese día, no salía nada, ni del lenguaje corporal ni del enfoque, hasta que Fernando paró el entrenamiento. Cuando verbalizó "ganar" se reconectó. Carolina tiene una onda expansiva tremenda».

Ese mismo día, «le comenté a Anders que íbamos a ganar el Mundial y me acuerdo que me dijo "pues vale"», con expresión de indiferencia, como si le estuviera contando una locura de las mías, recuerda Fernando. «Fue increíble», dice Diego, «era alucinante cómo el día anterior era todo malísimo y en un día todo había cambiado». Y así fue. Hicieron historia y Carolina Marín ganó su tercer Mundial.

Vino después la lesión. La prueba de fuego para todos. El tiempo en Madrid juntos. Las horas interminables de rehabilitación. Tanto que todos coinciden en haber visto a Carolina durante esos meses exhausta. «Un día», cuenta Guillermo Sánchez, el preparador, «había quedado con Carolina a las nueve de la mañana, después de que tuviera sesión con

Diego una hora antes. Empecé a montar toda mi historia con los materiales. No llegaba. Ya pasé por fisio, toqué a la puerta y, cuando estaba sacando el móvil para llamar y ver dónde estaba, de pronto me la encontré dormida en una esquina del pabellón entre materiales del gimnasio. ¡La grabé y la desperté! Llevaba unas semanas con mucha tralla, con tres y cuatro entrenamientos al día, pero lo curioso fue que se puso en pie e hizo la sesión como si nada, dándolo todo. En eso es admirable».

Y también la recuperación. La vuelta a la competición. En China, después de la derrota de Vietnam, «tal y como tenía la espalda de contracturada el primer día, pensamos que no iba a poder jugar al siguiente. Estaba hecha una piedra. Así que hablamos también con Fernando», cuenta Ernesto García, «Carlos, el fisio, se tiró dos horas trabajando con ella y jugó dos o tres días con muchos dolores. Tuvo la capacidad de soportar el dolor que otros no tienen».

«Para mí fue el torneo más potente que yo recuerdo. Había caído en Vietnam en primera ronda y todavía le faltaba tono muscular», cuenta Carlos de Santos Carvajal, «había hablado mucho con Fernando, recuerdo que el primer día me dijo que si no le quitaba ese dolor no podría jugar el torneo. La suerte que tuve es que había un día de descanso. La concentración que tenía no era la de otros partidos. Era alucinante y lo fue tanto que acabó consiguiendo la victoria».

«Carolina es una persona difícil de definir. Es la intensidad personificada. Tiene una capacidad tremenda para enfocarse, cuando ella tiene claro qué es lo importante va a por ello y derriba cualquier muro. Es tremenda la confianza que tiene en el equipo, pero ella es la protagonista, la que ejecuta», dice María Martínez, la psicóloga, que también estuvo muy cerca esos días, que suponían dejar casi ocho meses de mucho esfuerzo atrás, después de la lesión.

Una carrera para la historia contra todo pronóstico, una española con una trayectoria de oro entre las asiáticas. «En los viajes hemos vivido historias muy curiosas. En uno de ellos, en Indonesia, estaba con Diego y Fernando y nos llevaron al pabellón de entrenamiento para realizar la sesión previa a los partidos. Allí había varias selecciones muy potentes como China, Malasia, India e Indonesia y cada una de ellas estaba integrada por lo menos por diez jugadores, además del fisio, entrenador, etc. Todos perfectamente vestidos con el chándal de la selección de su país y creo que estaba hasta el presidente de la Federación en cada equipo. Y en una esquina estaban solos Carolina con Diego y Fernando y una *sparring*. Era curioso verlo desde esa perspectiva, si lo comparabas con el resto de las selecciones, porque ese pequeño grupo de españoles eran quienes dominaban el bádminton actual y ese es el verdadero milagro de esta historia», cuenta Ignacio García, el representante.

Habla así el equipo, el otro «yo» de Carolina Marín que trabaja en la sombra para que todo funcione. Cada uno con su rol, pero todos a una. «Carolina es una paradoja. Es una persona sencilla y es una diva, pero si no fuera tan diva no sería quien es. No sería capaz de aguantar que nueve mil aficionados chinos estén gritando y coreando a la contraria, y ganarle. Es algo que tú trabajas con otra persona y no es igual: ella es muy flamenca. Está preparada para cualquier cosa, es como Rambo», dice Fernando. El mismo que a los catorce años se sorprendió al verla.

Soñar

Hay una frase que tengo en casa y dice «Haz de tu vida un sueño y de tu sueño una realidad». Hay que trabajar y sacrificar muchas cosas. Es lo que yo he hecho, se me ha exigido mucho, he llevado el cuerpo muy al límite y he renunciado a muchos caminos, pero me ha merecido la pena. Sigo soñando y, como he hecho siempre: sueño a lo grande.

Carolina junto a su madre,
en 1993.

Carolina junto
a su padre, en 1993.

Carolina junto a su prima
Rocío, en la playa.

Carolina, en brazos de su padre, durante su bautizo (1994).

Carolina, vestida de flamenca para la fiesta de las Cruces de Mayo, en 1995.

Carolina vestida de flamenca para la fiesta de las Cruces de Mayo en Huelva, en el año 2000

Carolina después de conseguir uno de sus primeros trofeos en Huelva, en 2002.

Carolina tras conquistar el título de campeona en el Torneo Internacional de Sevilla, en el año 2006.

Carolina durante el campeonato de España por equipos sub-17 de 2007.

Carolina durante la disputa de la final del campeonato de España sub-17, en 2007.

Carolina Marín junto a su padre Gonzalo Marín durante las Navidades de 2011, en la Puerta del Sol de Madrid.

Noviembre de 2018. La primera dama china Peng Liyuan, acompañada por el presidente chino Xi Jinping y los reyes Felipe y Letizia, saluda a Carolina Marín, antes de la cena de gala que los Reyes de España ofrecen al mandatario chino en el Palacio Real, en Madrid. (©) EFE/Emilio Naranjo

Carolina junto a sus padres en Río de Janeiro, tras conseguir la medalla de oro en los Juegos Olímpicos de 2016.

Carolina abraza a sus entrenadores, Fernando Rivas y Anders Thomsen, nada más acabar el partido en el que se proclamó campeona olímpica en Río 2016 frente a la jugadora india Pusarla Venkata Sindhu. (©) Badmintonphoto/ Yves Lacroix

Carolina y Fernando Rivas en 2016 junto a los niños de SOLIBAD, la ONG de Indonesia con la que colaboran. (©) Badmintonphoto/Raphael Sachetat

Carolina se levanta del suelo ayudada por su entrenador y la médico del torneo durante la disputa de la final del Indonesia Masters, en la que sufrió la rotura del ligamento cruzado anterior de la rodilla derecha, en enero de 2019. (©) Badmintonphoto/ Raphael Sachetat